シャンプーハット　てつじ

PROCESS MANIA

プロセスマニア

はじめに

Siri に聞けばすぐ「結果」がでて、
「失敗」しない時代がきました。
その見返りに、途中の体験や失敗を楽しむ事がなくなりました。
そこで、日本酒(物)を売るのではなく
米から日本酒をつくる、全ての過程（プロセス）を売ったらどうなるか？
という私の活動を記した本です。

みなさんもこの本をきっかけに、
プロセスを楽しむ
『プロセスマニア』になってくれたら幸いです。

シャンプーハット　てつじ

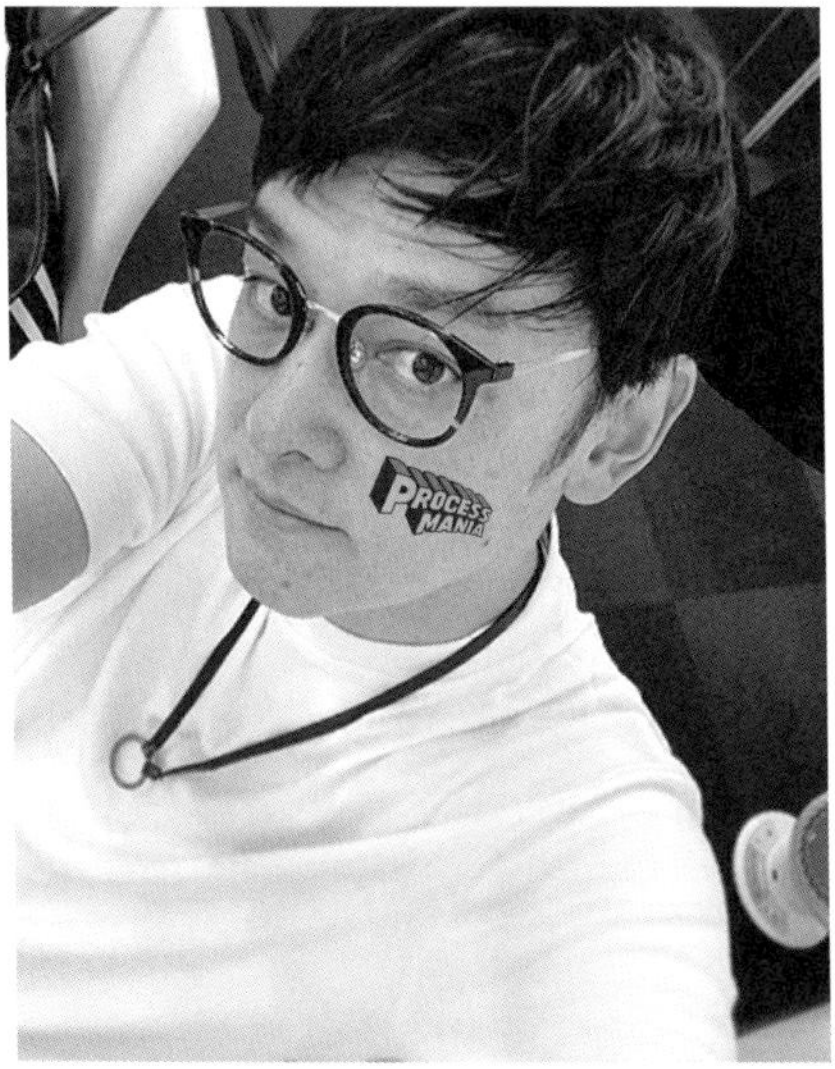
PROCESS
MANIA

第1章

てつじエッセイ

Tetsuji Essay

「ラーメン鉢が、神社になる」

クラウドファンディングの始まり

三年ぐらい前に、マネージャーの方から
「吉本がクラファンのサイトを作ったのでクラファンやりませんか？」
と言われたのが始まりでした。

クラファンのことなんて何にもわからなかったんですけど、
犯罪以外何でもすると決めてるし、失敗も仕事に活かせるので「面白そうなのでやってみます」
と言い、いろいろ調べるところから始めました。

で、ラーメンが好きやったので、一回究極のラーメン鉢を作ってみよう！と思ったんです。
クラファンの名前は【「究極のラーメン鉢」を作りたい】
「これはおもろい企画ができた！」と思っていました。

そこで、どう進めたらいいのかわからんかったんで、キングコング西野君とトークイベントをしてもらいました。

そしたら、西野のオンラインサロンメンバーの人がいっぱいきてくれて、応援もしてくれて。

「あ、てつじってなんかおもろいな」ってなってくれて。

クラファンに何の抵抗もない人を西野が集めてくれたから、スピードが速かったんです。

僕が始めた当時って、まだ「クラファン＝詐欺」みたいな。

「変なことしてる」みたいな感じの意見が多かったときやったんで。

でも、西野と西野のオンラインサロンのメンバーのおかげで、逆にもっと応援してくれたんです。

そのときはクラファンの一番の目的は「お金を集める」やと思っていたので、とにかくそのラーメン鉢を作って売るということをやっていました。


お金もたくさん集まって、無事に究極のラーメン鉢もできました。

みんなにリターンをお配りして……


そのクラファンは「失敗」に終わりました。

お金は集まったが、失敗だった

目標金額は達成しましたが、僕の今の考え方だったら失敗だったんです。

クラファンのリターンを見てもらったらわかるんですけど、モノしか売ってないんです。

僕がグルメでラーメン好きなのをみんな知ってるので、興味を持ってくれて、みんなラーメン鉢買ってくれたんですよ。

でも、結果モノしか売ってなかった。

究極のラーメン鉢作るじゃないですか。

リターンで「何個欲しい」とか言うじゃないですか。

そしたら……

「いつ届くんですか？」

「他の人にも送りたいんですけど、どうしたらいいですか？」

「追加で十個欲しいんです」

「まだ届いてません」

って連絡が届いて、手配しますよね。

最終的に僕がどうなったかって言うと……

「あれ？ナニコレ?!
俺、ラーメン鉢の業者になってるやん！」って。

別に、そのラーメン鉢にいくらか乗せて売ってるわけでもないし、送料とちょっと赤字が出えへんようにした分だけの値段で売ってただけで、お金も残ってないし、時間は費やしただけ。

終わった後に、「あのラーメン鉢のおかげで～」みたいなんも特にないし。

「あれ……なんやったんやろな」ってなったんです。

そんときに「結局何にも残ってなかった」っていうのが、すごい寂しくて。

せっかくあれだけたくさんのサポーターの人が集まったのに、ラーメン鉢だけ作って終わり言うんはちょっと……。

次クラファンするときは、今回と同じやり方ではダメで、モノを届けるだけではなくて、みんなで共有して何かひとつのものを完成させようと思ったんです。

俺が芸人を続けてる理由は、

自分が面白いと思ってほしい人に

面白いと思われたいから。

ラーメン鉢から学んだこと

ラーメン鉢を作って一番楽しかったのは、ラーメン鉢の型を作る打ち合わせとかでした。

長崎に「波佐見（はさみ）」って場所があるんですけど、波佐見焼のデザイナーさんを紹介してもらって、話を聞きに行ったりして、勉強したりする時間があったんです。

そのプロセスがめちゃめちゃ面白かった。

「有田焼」って歴史はこうで、「波佐見焼」ってこうなんですよ、とか。

どうやって作ってるか。

採掘工場から岩を砕いて、粘土にする工場とか。

「焼き物の世界って、めっちゃおもろいやん！」って、どんどんハマっていったんですよ。

それでできたラーメン鉢を売ったのが、あの「クラウドファンディング」なんです。


ラーメン鉢自体は買ってくれる人はいましたけど、誰とも「思い出」を共有してないんです（笑）

「あれ？振り返ったら誰もおらん」って気がつきました。

初めてのクラファンやったんで、いいも悪いもなく、どうせなら【究極のラーメン鉢】を作ろうと思ったんです。

一応、金額で言うたら１８０万集めてるし、究極のラーメン鉢もできたから、世間から見たらこのクラファンは「大成功」なんですよ。

でも、僕から見たら大失敗の企画なんです。

ラーメン鉢を配送した「だけ」なんです。

僕がラーメン好きなのはみんなよく知ってくれているんで、そんな僕が作ったラーメン鉢を「見てみたい」ってだけ。

僕が今まで培ってきたキャラクターや信用を「お金に変えただけ」なんです。

もし第二弾をやっても、それ以下になっていくだけなんです。

なぜなら、もうみんな手に入れているんで。

このラーメン鉢を買ってくれた人は２０２人いるんですけど、今はもう何の「つながり」もないんですよ。

なんでかいうたら「作って送っただけ」だから。

作ってるとき、有田の方に行ったり、「デザインをどうしたらいいか」「写真はどうするか」って悩んだり。

この**過程**が楽しかったんです。

こんな**おもろい過程**があるのに、誰も知らないんです。

そんなリターン作ってないんで。

「めちゃめちゃもったいないことしたな」って終わった後に気づきました。

一番楽しい部分を誰とも共有できていなかったと。

本当に面白いのは「プロセス」

芸人で漫才をしていますが、その漫才ができるまでにネタづくりの時間があります。
そのあいだのネタ作りって、しんどいんですけれど面白いんです。
それって、コンビと作家だけが共有できるものじゃないですか。

それを外に見せないっていうのが「美学」っていうのもありますけど、ほんまにおもろいのは「出来上がった漫才」よりも、「できるまでの漫才」なんです。

できるまでの方がおもろいんです。

日本酒もそうで、僕たちは完成しか見たことないじゃないですか。
でも漫才と一緒で、農業して、米を発酵さす方が僕はおもろいと思ったんです。

そのプロセスをクラファンのリターンにしてもおもろいなって思ったんです。
普通お金で買えるのは「完成」しかない。

そういう「世の中にはないもの」をクラファンでリターンとして売っていきたい。

【プロセスがわかると結果が楽しい】ってことを知ってほしいんです。


令和になって、一番失っているのはプロセスやと思っているんです。

Googleで調べたら、すぐ結果が出る。

便利な世の中になって、みんな結果とスピードだけ求めているけれど、

これからはどんだけプロセスを楽しんだかが「人生を楽しんだ」ってことになると思うんです。


お金出したら日本酒買える、ではなくて。

お金出しても買えない「米から作らなあかん日本酒もあるんやで」って。

第二回目のクラファン

ラーメンの次に好きやったのが、日本酒です。

次はラーメン鉢の経験を活かして、別の形で挑戦をしました。

「一本の日本酒を完成させるプロセスを売るクラファン」を立ち上げようと思って作ったのが**【米から日本酒を作る】**です。

日本酒を一本も売らずに「一緒に作る」という目的で、たくさん人を集めて、共有の思い出をたくさん作れるように考えたものです。

日本酒を作ろうとすると、

プロセスがいっぱいあります。

その過程に全部参加してもらおうと思いました。

仮に台風で稲が流れてしまったとしても、そういうことやと。

俺がリーダーで責任持つから、「上手くいったこと」も「恥ずかしいこと」も「失敗」もみんなで共有しよう！

そう思ったのは、最初のラーメン鉢のおかげなんです。

挑戦することの捉え方

僕の中では、「失敗したい」っていうのが大きいんです。

あの二十代に味わう独特の怖さがあるじゃないですか。あの怖さが、楽しかったんです。

先がわからんから、

「これ成功するんかな？」

「それ、やるしかないやん」

みたいな、いい怖さ
というか。

これが年を重ねてくると、
景色がいかようでも
わかるってなってきたんですよ。

四十過ぎてきたら、

「だいたいこんなことしたら失敗する」

「こうしたら成功する」ってわかってくるやないですか。

「これしたら失敗する」っていうのも経験したし、見てきてるから、

「自分のできる範囲」ってわかってくるんです。

それでは芸人としておもろない。

経験したことないものをやって、とにかく失敗したい。

わざと失敗するんでなくて「成功する！」って思って、全力でやって失敗したいんです。

一回しかない人生で、自分が想像内の景色の中で
朽ちていくのは嫌なんで。

山頂の景色より、
途中の景色が好き。

「芸人」としての生き方

「芸人」ってのが根本にあって、「なんかおもろいことないかな」って常に考えています。
テレビでしゃべるとかラジオでしゃべるときって、エピソードが欲しいんですよ。
エピソードといっても、ただ外を歩けばいいんじゃなくて、人とのエピソードがおもろいんです。

どう人と関わるか、みたいなことを
毎日ずーっと考えています。

特に面白いのが、その道のプロみたいな人です。

昔から僕が将棋好きなんは、プロ棋士が好きだからなんです。
プロ棋士も変な人が多いんですよ。
一回しかない人生を、あんな狭い門の
プロ棋士になって、プロ棋士同士戦って、
数少ないタイトルを一年かけて奪い合ってる。
「勝ち負け」出るんですよ。
それ何十年ってやるんですよ。
すごないですか。

以前、『関西グルメ王の人生が変わる店』という
グルメ本を作ったときに、料理のプロの人たちと
たくさんお会いして気づいたんです。

料理人も変な人が多いんですよ。

世の中に変な人ってめっちゃ多いんです。

料理人、プロ棋士、日本酒の杜氏（とうじ）も変な人が多いんです。

僕、変な人、好きなんです。

「変な人おるよ」って紹介したいんです。

変な人が変な人を紹介しているテレビやラジオっておもろいじゃないですか。

そして、その人が残した「結果」やなくて、

熱中した「プロセス」が特におもろいんです。

その人がなんでそれに熱中しているか、わかった瞬間が最高に面白くて。


持って生まれた僕の性格だと思うんですが、いいことあったとか、いいもんもらったとか、いいもん食べたとか、そういうものを人に教えたくなるんです。

そういう経験を共有したくなる変な性格で、おもろい店あったら人に伝えたいんです。

でも「うまさ」って人それぞれ違うから、どうやって伝えようかなって思ったら、

「こんな変なシェフおるけど行って」っていうふうに変わったんです（笑）

「この人が作るそばが一応美味いから、一応食べて」みたいな。

結局、人が好き

今思えば、子どもの頃から人の行動ばっかり見てました。

将棋を指すより、プロ棋士の方が好き。

プロ棋士が指す将棋を勉強してたら知らぬ間に強くなってた。

そして、自分だけ楽しむより

「誰でもええから共有したい」

っていうのはずっとです。

今でもめっちゃ染み付いてますわ。

中学・高校でも、めっちゃおもろい映画見つけたら、すぐ友達に言ってたし。

そうしたら、その人がおもろいもんも教えてくれるっていうこともよくわかったんです。

面白い本紹介したら、本好きな人は「ありがとう」って言うし。

「これも面白いから見て」って言って、予期せぬ本も紹介してくれる。

そんなんもあって「共有したい」って、強く思うようになったんです。

とにかく共有したい。

自分がいいと思ったものを。

とにかく『間』がおもしろい

やっぱり芸人やから、作り上げる結果を見せてるけど「ほんまは間がおもろいのにな」って思ってます。

こういう日本酒作りとか空き家作りで「間のプロセスがおもろい」って伝えたいんです。


クラファンも同じです。

失敗して、転んでもOKな仕組みを作っています。


やるやらないの基準は三つ。

一つが、親に自慢出来るか。

二つが、自分の気分が上がるか。

三つが、笑える無駄か。


ある程度「ルールに当てはまったらやる」って感じですね。

それに加え「失敗を楽しんでるイメージ」です。


クラファンを通して、「失敗を楽しむシステムづくりをしたい」と考えてて、日本酒もそうなんですけど「こんな味を作りたい」で作っていないんですよ。

みんなで田植えして、稲刈りして、「みんなで麹つけしたらどんな味になるんやろう?」「今年はこんな味になった」っていう、ほんまにプロセスだけを楽しんでるんで、結果なんか実際どうでもいいんです。


だから、実は失敗がないんですよ。

キングコング西野との対談

思い返してみると、西野とのトークライブの時に、

「とにかく体験とかを売った方がいいですよ」

みたいなことは言うてたなと思ったんです。

今やったら理解できるんですけど、ラーメン鉢の時は全くそれが理解できんまま、とにかくラーメン鉢だけ売ってたら、業者になってしまいました。

それが終わってから「西野が言ってたのってこういうことか」っていうのがようやく理解できたんで、二回目のクラファンの日本酒作りに活かしていきました。


さっきも言いましたが、クラファンをやり始めた頃の社会のイメージは、金儲けや詐欺師みたいな感じでした。

でも、僕自身はお金を集めることに関して悪いとは思ってはいなかったんですけど、僕自身はお金を集めるっていうのは不得意なんやと思うんです。

そっちよりも、性格上人を集めて「思い出共有」する方が、力を発揮しやすかった。

だから、そういう力を発揮しやすい道を見つけられてよかったなと思ってます。

日本酒の時に思ったんですけど、自分がやりたいことやねんから、自分でお金出したらええやんって。

その代わり、手伝ってくれる人がたくさんいてる方がいい。

だから、目標金額に達成しようが達成しなかろうが関係ないんです。

そういう形でやっているので「お金を集めるプレッシャー」は全くないです。

お金を集めるって、悪いことじゃないんですけど、ほんまにやりたいことが100万円でできるんやったら、「自分一人でも努力して2〜30万ぐらい払いぃや」と思うんですよ。

なんかそうじゃなくて、目標のための金額を集めるという風な、

本来の目的と違ってるクラファンにはしたくない。

イベントしたいのに100万いるってなって、100万集めて、イベントは開かれたけどお客さんはゼロやったっていうほど悲しいものはないじゃないですか。

悪いことではないとは思うんですけどね。

プロセスの価値

日本酒が好きで、いっぱい買って、冷蔵庫に置いたりとかして、普段からちょびちょび飲んでたんですよ。

テイスティングをしてました。

けど一人で一日四号瓶空けられへんし、冷蔵庫いっぱいなったら、新しいの買われへんし。

そこで、

「僕のセレクトした日本酒をみんなで飲みませんか?」

みたいなイベントをしたのが、**利酒会**です。

来た人数で、日本酒代を割ってもらえたら、結局僕もただで飲んだことになるし、その利酒会で気になっ

てた日本酒買ってきて、僕もテイスティングとかできるから、一石二鳥。

その流れで、飲食店でも利酒会をやり始めたんです。

そしたら、だんだん「こんな日本酒飲んだことありますか？」とかお客さんに言われるようになってきました。

そこで思い始めたんです。

日本酒って、「これ飲んだことある、あれ飲んだことある」というより、**「作り手の想いの方が面白い」**って。

杜氏さんっていろんな変わった人がいて、こういう想いで作ってるっていう方を伝える方が面白い。

なんかいい方法ないかなと思って、「あ、自分で作ったらええねんや」って考えたんです。

お客さんとかに田植えとかあの蔵とかに来てもらって、一緒に作ったら、飲んだお酒の種類よりも作った人の想いを感じてもらえる。

これは、夜空の星を数えるのではなく一番輝いている星を探すってことです。

そうすることで、

「価値のある日本酒を作ったことがある」っていう価値にたどり着くんちゃうかなと思ったんですよね。

日本酒で思ったんですけど、10万円の日本酒と3000円の日本酒があったとき、日本酒のこと知らんときは、**「値段」でしか判断できないんですよ。**

「3000円くらいがちょうどいいもんかな」

こんな選び方でしか普通は知識がないんです。

けど、日本酒を作れるようになって、「なんでこの日本酒が10万円するか」がわかるようになってきたんです。

この日本酒を作るまでの**プロセス**がわかるようになって「これ10万円って安いんちゃう？」ってなるんです。

そういう値段とちゃうところで選べるようになるのが、
かけてきた価値を知るってことです。

プロセスをクラファンのリターンとするなら、農業して、米を発酵さすプロセスを売る方が僕はおもろいと思ったんです。

どうなるかわからんことを楽しもうと思った先が第二回目のクラファン「米から日本酒を作る」でした。

逆の発想

僕の中で「失敗したい」もあるし、世間で言う「常識を壊す」みたいなことをして、面白いことをしたいって思いもあります。

けど、僕けっこう常識好きで、常識があるからこそ面白いことが起こると思ってるんです。

何か違うことがしたい時に**【考え方を逆にする】っていう発想が好きなんです。**

今までお金払っていたものをお金もらうとか。

田植えとかがいい例で、本来なら僕、田植えしたいってなったら「○○さんきてください。時給1000円でいいですか」ってなって、こっちがほんま払わなあかんやないですか。

でも、「○○さん、今度田植えあるんで**1000円ください。**場所用意しとくんで」って発想で逆にしようと思ったんです。

日本酒も売るじゃなくて、あげる。

あえて、買えないようにするとか。

世の中が当たり前って思っている日常を全部【逆】にしてリターンにしてみたんです。

お金を払っても買えないんです。

「日本酒欲しいねんけど」って連絡が来ても、「ダメです、売りません。あげます」って答える。

「あげます。その代わり田植え来てくださいね」って言うんです。


そしたら、いろんな人が集まってきたんです。

その道のプロの人たちも、参加する側がお金を払ってグループに参加したりしてるんです。

その中には空き家活用の会社をやっている人とか、デザイナーの方とかいろんな人がいます。

お金払って、ですよ。

しかも10万円とかですよ！

でも「10万円払ってでも参加したい」っていうふうになってくれてるんです。

全部、その発想でやっていくと、すごい楽しいって気づいたんです。

クラファンのおかげでね。

クラファンを通した新たな出会い

日本酒作りの蔵が『与謝娘酒造』というところで、京都の綾部からもうちょっと先に行ったところにあります。

そこの蔵の用事が終わった帰りに、綾部インターが見えたんです。

「あ、前テレビのロケで行ったおいしいうどん屋さん『竹松うどん』があったな」と思い出したんで、そこに寄ってから帰ろうと思いました。

そしたら、ロケで知り合った『竹松うどん』のたえさんから、「**保育園のクラファンを手伝ってほしい**」って言われたんです。

たえさんは綾部にある「風の子共同保育園」の建て替え費用を集めるクラファンのリーダーをやってたんです。

僕が日本酒のクラファンやってること知ってくれてたんで、「よかったら、一緒に手伝ってもらえませんか」って声をかけてもらったんです。

「犯罪以外何でもするって決めてるんで、手伝います」って言ったのが、**綾部との出会い**です。

このとき、たえさんが立ち上げていたクラファンが、「支援してください」っていう、お金を集めるのがメインのクラファンでした。

どうせ僕が手伝うなら……って考えて、

「風の子共同保育園でお金いっぱい集めて、建て替えて保育園がきれいになって。いいことやけど、**それで入園者の人が来なかったら意味なくないですか？**」

みたいなことを言わせていただいたんです。

「それやったら**『風の子共同保育園ってみんなにこんなに愛されてる保育園です』という宣伝になる別のクラファン**を一緒に立ち上げませんか」と提案しました。

そうして、資金を集めるのとは別に、もう一つクラファンを立ち上げたんです。

新たに立ち上げたクラファンのリターンはこういうものでした。
・保育園の保護者の人が、黒豆の栽培している農家さんで、その黒豆狩りを一緒にできる。
・和菓子屋さんで和菓子作り体験をできる。
・綾部の飲食店の人を巻き込んで、綾部の飲食店のお店の予約をできる。
そんなリターンとかにしました。


綾部にめっちゃ愛されてる保育園で、この素敵な保育園に入園者の方が「私も預けたい」と思ってもらうという目的でクラファンを立ち上げました。

そのおかげで、逆に僕が綾部の人と一番仲良くなっちゃったんですけど（笑）

そんなこんなで二つのクラファンは成功しました。

たえさんのクラファンで集まった資金で建て替えの資金は賄えて、もう一つのクラファンに支援してもらった人は、その風の子共同保育園の餅つきに行ったりとか、運動会に参加したりとかもしました。

クラファンを通して、子供がいない大人の人たちも、風の子共同保育園のことがみんな好きになってくれて、風の子共同保育園のいい宣伝になって、風の子共同保育園のクラファンは終わったんです。

仕事のご依頼・協力会社様も募集しております。

OKINO DENKO でお手伝いできる仕事のご依頼や、協力会社様も随時募集しております。お取引のない企業様・個人様、小規模・大規模関わらず承っておりますので、お気軽にお問い合わせください。

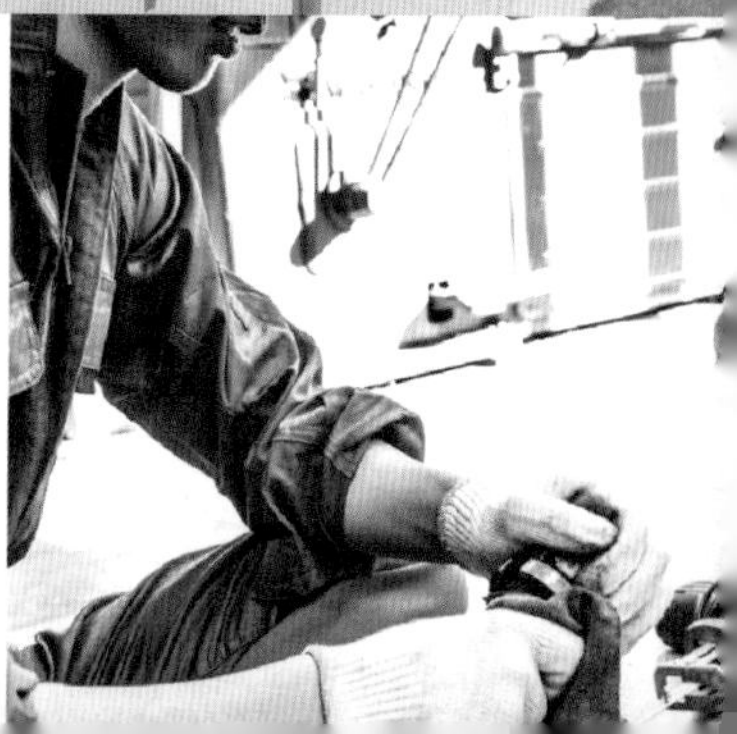

不便を楽しむ。
“出来ない”が、楽しい。

日本酒から空き家活用へ

日本酒作りの方もこんな感じでいろんな人を集めてたんです。

そしたら、空き家活用株式会社の和田さん（和田さんとの対談→P85）が、僕のクラファンのリターンを買ってくれてました。

和田さんと話をしていると、

「日本中に空き家がすごいたくさんあるから、なんかてつじさんも買っていただいて、空き家活用ちょっと一緒にやりませんか？」

って言われたんです。


けど、どこかも分からん田舎の空き家買って、なんか「僕が別荘買った」みたいなのをやっても、多分それで人が集まることもないと思ったので、

「僕のイメージとは違うのでやめます」


みたいなこと言うて一回は断ったんです。

でも、ふと思ったんです。

もし、綾部に空き家があるんやったら、今度は逆に綾部の人に僕が恩返しできる。

みんなのスキルが活かせる場所があったら楽しいな、と。

だから「綾部に空き家があるんやったらやりますわ」って言いました。

そしたら良いめぐり合わせというか、タイミングよく綾部に理想的な空き家が一軒見つかったんです。

そして立ち上げたのが、【綾部の空き家プロジェクト】です。

はじめは、綾部の空き家活用といっても何をしていいかわからないんで、僕がやりたいことを考えてみました。

例えば解体が一緒にできるとか、左官（さかん）を一緒にできるとか。

それで、「そういうクラファンをすでにやってる人おらんかな」と思って調べたら、一般社団法人オープンアークというとこを見つけたんです。

そこではいろんな人を集めて、佐官体験とか庭作り体験とかをやってたんです。

「これは面白い！この人たちやったら、僕のやろうとしてることすぐ理解してくれるやろうな」と思って、工務店が出してる掃除かなんかのリターンを買って、参加してみたんです。

そこに行ったら、工務店の人がいて、デザイナーもおって、電気工の人もおったんです。

「僕は綾部でこういうことやろうと思ってます」

って伝えたら、

「今作ってるこの家が、工務店でやっているクラファンのリターンなんです。今の活動で完成してしまうから、**この次何しようかって迷ってたんですよ」**

って言ってもらったんです。

「じゃ僕、綾部でやるんで。次このチームで、綾部でやってもらえませんか？」

そうしてその一日で、デザイナーから工務店から電気工から配管工まで全部のチームが出来上がって、空き家活用がスタートしました。

空き家がある綾部にはもうすでに知り合った人たちがおったので、なんか知らんとこに別の「円」があって、こっちの主役の方の「円」にどんどん吸収されていくみたいな。

なんかいい交わり方、縁のつなぎ方がどんどん広がっていったんです。
知らん間に違うところでつながって、ここと、ここがつながるわけないやろっていうとこが、どんどんつながり始めた。

それをみて思ったんです。

「世の中に無駄はないな」

と。

「空き家活用」は、みんなが持ってるスキルを活かせる場所にしたいっていうのがありました。
空き家活用で何かを作るときは、必ずイベントにして、それをみんなで共有するというのをルールにしました。
「作ったプロセスを体験できるようにしてください」って。
それで完成したのが【アヤベダファファミリア】です。

「囲炉裏完成しました。ここで食べましょう」じゃないんです。

「宮大工ってこういう仕事です」っていうイベントをしました。

そうすると、あの囲炉裏が釘の一本も使ってないことも共有できるんです。

窓際のガラス一つとっても、「この分厚さでこんなに透明にすることが難しい」っていうのを、その日来てくれた人に説明してもらって、このガラスがいかにすごいかを知ってもらったんです。

どうやってガラスをそこにはめるかって見たいじゃないですか。

そのはめるところをみんなに見てもらって、
はめる瞬間にみんなで「わー！」ってなって。

とにかく**あらゆるプロセスを楽しめる場所**にしたんです。

余白が出会いを生む

自分の想像範囲外のことが起き出してるんです。

最近はアヤベダファミリアで「オペラやりたい」って

人が現れたんですよ。

まさかオペラのコンサートが始まるとは思いませんでした。

そもそもは、一周年記念でみんなに来てもらおうと思って、地元の団子屋さんとか呼んで、店を出してもらってたんです。

その団子屋さんのつながりでオペラやってる人がいました。

その方がアヤベダファミリアの噂を聞きつけ、「こんなに人が集まってる！こういう楽しそうな家で、私歌いたい」ってなってくれたみたいで、それでオペラコンサートやってくれたんです。

畳の上でやってましたよ！

その人もとりあえず多くの人にオペラ聴いてもらわなあかんと思ってたみたいです。

けど、オペラを聞いてもらうなら、会場が必要ってなって、敷居が高いみたいで。

だから、いったんみんなが集まるこの場所でやってみよって思ってくれて、**そういう場所に見えてくれてんねやって嬉しくなりましたよね。**


昔、囲炉裏があったときにね、煙が上に流れるのを見て、あの煙を利用できへんかなって昔の人は思ったらしいんですよ。

庭とか山に生えてる竹を、天井にやったら煤で綺麗な色がつくんです。

それを自分の代で使うんでなしに、息子とかに、何かリフォームとかのときに使いやって、代々受け継いでいるんです。


すごないですか。

このことを、空き家活用をやり始めて知ったんですよ。


これ【煤竹】っていうらしいです。

こういうのも、出会った人たちに教えてもらいました。

大事なのは十年後。
どれだけ選択肢があるか。

十年後、
どれだけ自分の周りに人がいてるか。

十年間、
どれだけ人の役にたったか。

第三の場所

普通のクラファンって、「参加する」って言うより「支援する」って形が多いじゃないですか。

僕のやつは参加型。
それこそ、よくいう【サードプレイス】

家でも家庭でも職場でもない、もう一つの場所です。
そういったサードプレイスを作ると、人生が豊かになると思ってます。
クラファンを通してできたコミュニティは、
趣味のコミュニティとは少し違います。
同じ趣味ではなく、同じ考え方の人が集まってきます。
「謎のコミュニティ」が繰り広げられてるんですよ。
だからこそ、完成はなく、常に学んでプロセスを楽しめるような場所にしてるんです。

僕、「言霊」って信じてて。

「言ってたらほんまに叶うんちゃうかな」

と思ってるんです。

今、ご縁がご縁を呼んで、
あらゆる業種の知り合いができたんです。

宇宙事業以外何でもできるんじゃないかと思うくらいに。

このクラファンがつながって、うわさがうわさを呼んで。

前澤さんがなんかリターン買ってくれたら「もう月行けるやん」って。

絶対、人ってつながってるんすよ。

いつか、何かとんでもないこと起きるんちゃうかなと思ってるんですよね。

海外にも日本酒を送ってるんですよ。

それが、例えば「レディーガガとかにつながったりして」って思ってるんです。

何か作ったものが海外に行ったりとか、何かしらつながっていってるので、楽しいですよね。

なんにしても、可能性はゼロじゃないんです。

つながってるので、何かしら。

僕、「サードプレイス」っていう言葉が好きで。

そう考えると、こうした「つなげる環境」って貴重だと思うんです。

その場所っていうのは、ほんまにリアルな場所やと思ってたんですけど、最近は「サードプレイス」って、
なんかその「心のよりどころ」なんやなって思っています。

心の中にサードプレイスってあるんちゃうかなって。

ここが大きくなれば、仕事も大きくなるし。

なんかその別のつながりも増えるんちゃうかなと思うんです。

友達ともまた違うんですよ。

友達って「明日何してんの？」っていう仲じゃないですか。

友達じゃないけど、仲良くさせていただいてる。

かといって、ビジネスパートナーでもない。

やっていただいたものに対して対価はもちろん払うんですけど、そこはビジネスじゃないんです。

これが「サードプレイス」かなと思うんですよね。

それがあるかないかで人生がだいぶ変わるし、人との出会いも変わるかなと思います。

日本でもサードプレイスを作りたい

日本で「サードプレイス」みたいな場所は何かあんのかなって調べました。

けど、どこに行ったらあんねやろ？っていう感じですよね。

本で読んだんですけど、海外のカフェって俗に言う「サードプレイス」になってるみたいです。

例えば、スタバってメッセージを書くじゃないですか、ありがとうございますとか。

今日のあれは、アメリカのサードプレイスの名残りで。

実際に見たことないからわかんないですけど、カフェで仕事してたら、店員さんがお客さん同士をつなげてくれるらしいんですよ。

「あの人、デザイナーさんですよ」とか。

自分がこういうもんですっていうのを店員さんにも伝えるし、なんか困ったことだったら店員さんに「こういう人いませんか？」と聞くらしいんです。


そういう場所が日本にもあったらいいなって。


日本人はやっぱりそういうのに慣れてなくて、日本の喫茶店はどっちかっていうとマイプレイス。

「自分の居場所」になってるらしいんです。

落ち着く場所、「そこには人が来てほしくない」
という場所になってる。
日本に「サードプレイス」に近い場所は、あんまないんですよ。
海外だと他にはパブ。
バーじゃなくてパブがそう。
ワイワイ飲むところも、そういうサードプレイスを軸に
してるらしいんですけど、日本でパブって言っても、
一緒のグループだけじゃないですか。
「となりのグループも一緒に飲もうぜ」
ってあんまない。
海外は結構あるらしいんですよ。
「あ、あっちのテーブルも楽しそう
やから、こっちのビールあげて」
とか。

「サードプレイス」って、
本来はみんなで共有しよう
っていうのが主流らしいんですけど、日本ではどうしても
「マイプレイス」になっている。
だから、ほんまにこの**僕のクラファンが**
「サードプレイス」になってくれたらいいなと思うし、
冷静になって見てたら、僕の知らんとこでみんなつながっていってるんですよ。

メンバーの中にプロのキャンパーさんがいてるんです。

他の人がキャンプするときに、

「うちんとこでキャンプの手伝いしてもらえませんか?」

って会話が生まれていって、そこはもう、ちゃんとビジネスとしてつながっていったりしてます。

みんなでご飯を食べに行く時も、どうせ食事するならメンバーさんの店に行こうってなってるんですよ。

メンバーさんの飲食店でみんなでお食事したら、その飲食店のオーナーさんがその儲かった分で僕のリターン買ってくれるんですよ。

それでまた僕が、他の人をどんどん呼ぶようなリターン作るから、

サードプレイスを中心にどんどんどんどん変化が広がっていっています。

円と円とが交わる場所

僕は「将棋」という一つの円を持っていて、もう一つ「日本酒」って円があるんです。


この円と円が重なり合って二重になる場所があるじゃないですか、縦長の。

あの場所になんか面白い企画があるって見てるんです。


重なり合った部分。

それで言うと、将棋と日本酒の重なり合ったやつってなんやろうと思って考えたんが【酒蔵で将棋大会】です。

これをやってみたんですよ。

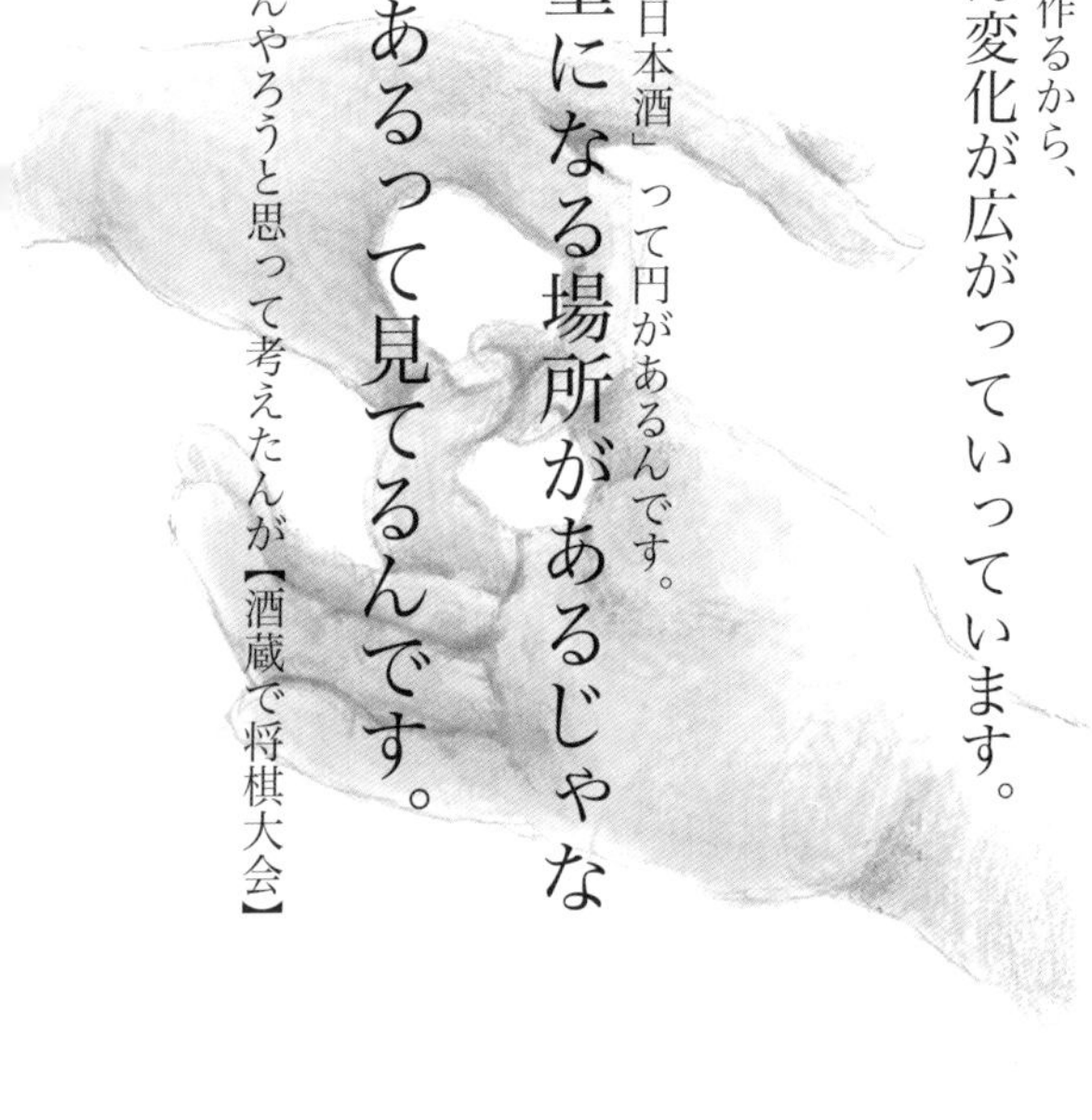

酒蔵に子どもが来るんです。

なかなかお酒イコール子供じゃないから、酒蔵も行ったらあかんってイメージがあるんですけど、そこに将棋大会があるから、蔵に来てくれる子どもに蔵見学もしてもらえる。

大人は大人で、蔵行ったら子供の対局を待ってる間、日本酒も飲める。

蔵は蔵で子どもにも宣伝できるし、将棋以外でも、日本酒作りも宣伝できる。

なんかこう重なり合って「いい部分出たな！」みたいに思っています。


だから、「自分の持っている円をどうやって重ねていこうかな」みたいなのってすごく大事なんです。


勝手に円が大きくなって重なるときもあるし、自分で動かして重なっていってもいいかなって。

やってみたら楽しかったし。


「お金を稼がないとこの企画ができない」っていう時間を費やさんで良くなったのが嬉しいですね。

例えば、クラファンがなかったら、とりあえず日本酒代を汗水かいて、僕が稼いでから「一緒に作りませんか」って言って人集めんとダメやったんですけど、これが同時にできるんです。


心の中に町ができる感じですね。

心の中にあそこに行ったら人がおる。

誰々と会えるっていう。

これが友情とは違うつながりでつながってる「サードプレイス」なんです。

そして、その場所に参加するのにハードルはすごく低いです。

日本酒のクラファンとかも「田植えから日本酒作るまで全部参加してくださいね」じゃないんですよ。

田植えだけで来たとか、稲刈りだけで来たとか、利酒で飲むだけで来たとかでもいいので。

変なプレッシャーがないですよね。

この世に「ゴミ」などなければ「雑草」もない。
ましてや、必要とされない人なんかいない。

「プロセス」の可能性

最終的にはアヤベダファミリアは神社になったらいいなって思ってます。
やってること、神社と一緒やなって気づいてきたんすよ。
神社の周りに石で名前彫ってるやつあるじゃないですか。
「協賛します」ってやつ、僕はあれが最初のクラファンやと思ってるんですよ。
神社に寄付したら、神社の周りに名前書いてもらえるじゃないですか。
リターンですよ。
あれ、多分。
鳥居とかに名前を書いてるじゃないですか。
あれも「鳥居建てたら名前書きます」って言ってるリターンやと思うんです。
で、神社って理由なしにみんな行きます。
それこそなんかそのサードプレイスというか。
祭りやったり、なんかおめでたいことあったり、
結婚式したりとか。

だから、アヤベダファミリアは、
最終的に神社なったらええな。
しかも、みんな神社の始まりって見たことないじゃないですか。
「この神社まだ三日やで」とか。
だから、みんなは今、神社のスタートに携わってんちゃうかなって思って。
「あれ、最終的に神社になったで」っていう。

この先何が起こるかわからんけど、神社になったらええな。

そういや、チームのメンバーに宮司もいてますし。

やっぱり大事なのは過程やと思います。

これからも、
間の過程でどうなるかわからないんですけど、それも楽しめる企画に全てなってるので。
どんどん一歩踏み出して仲間になってほしいし、
サポートしてほしいな。

で、その間の過程でこんなふうにいったん本になるのも面白いじゃないですか。

アヤベダファミリアが神社になって、千年後まで残ってたら、この本は多分、神社の伝書みたいになってると思うんですね。

なんかそれぐらい可能性がある。

可能性しかないです。

まさか、あのクラウドファンディングってサイトでラーメン鉢作ってたら、最後は神社になったってめっちゃ面白くないですか。

「風が吹いたら桶屋がもうかる」以上の、

「ラーメン鉢作ったら神社になった」

っていうね。

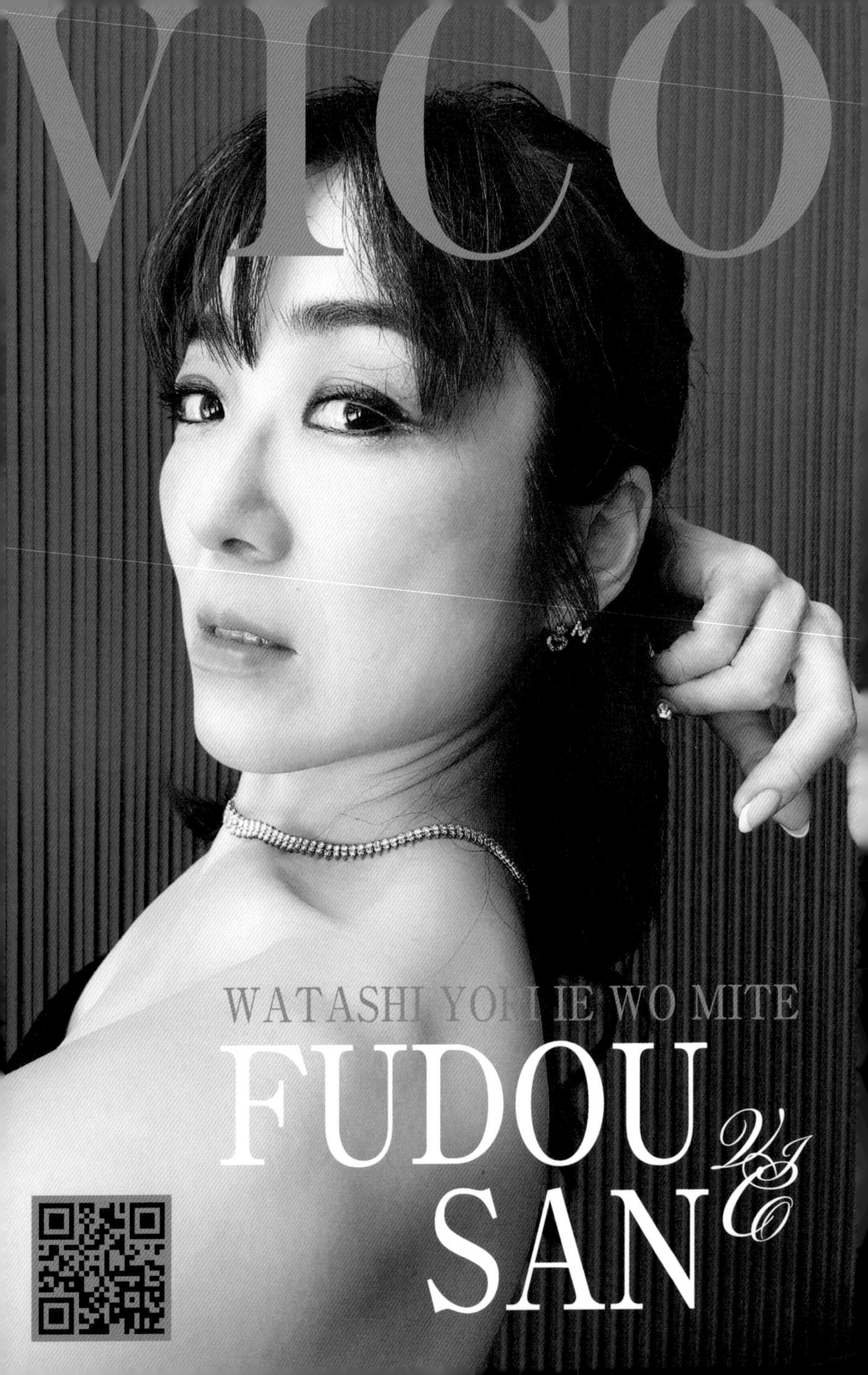
VICO
WATASHI YORI IE WO MITE
FUDOU
SAN
VICO

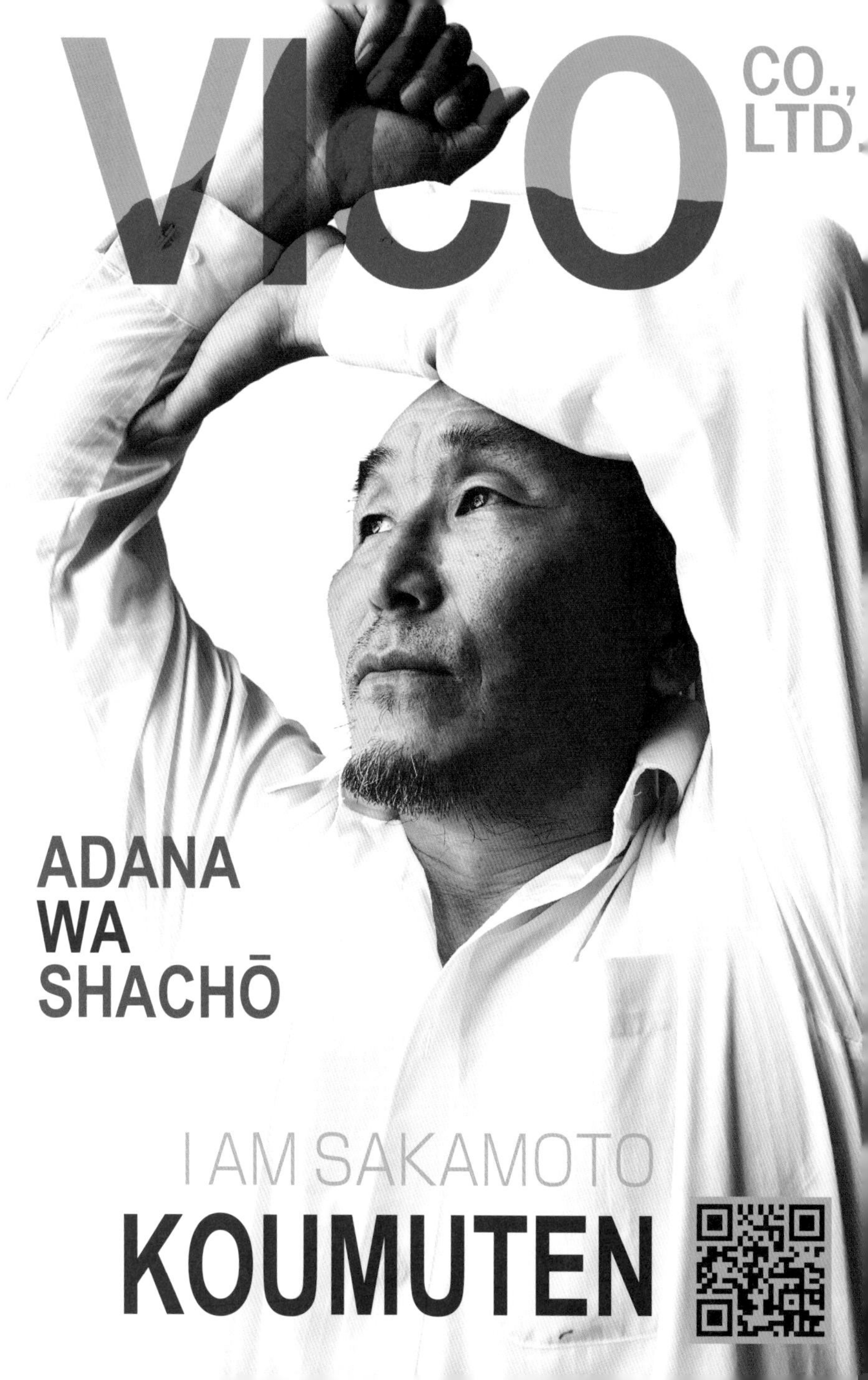
VICO
CO., LTD.
ADANA
WA
SHACHŌ
I AM SAKAMOTO
KOUMUTEN

本当に良い補聴器は、あなたよりもあなたを知ることから。

The 補聴器専門店 中村
代表 中村雅仁

The補聴器専門店 中村

ドイツの補聴器メーカー出身のハスキーボイスな認定補聴器技能者、中村雅仁が二〇一二年に開業した補聴器専門店です。

開業間もない頃は、自宅訪問を中心に展開しながら、日々ユーザーの補聴器使用状況を目の当たりにし、補聴器の問題点や使用面でのトラブル解決のノウハウを習得しました。

ご本人にとって、より使いやすい補聴器を目指し、5年前から現在の店舗で運営中です。

今では口コミを中心に拡がり、大阪だけでなく京都、三重など他府県からも多くご来店いただいています。

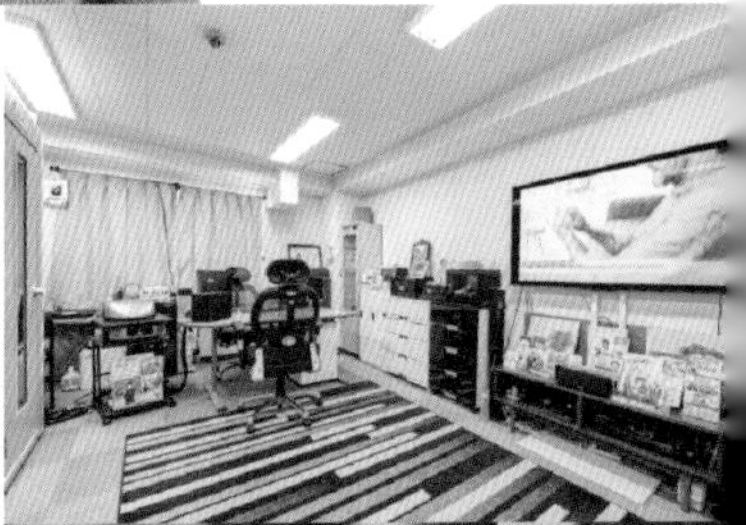

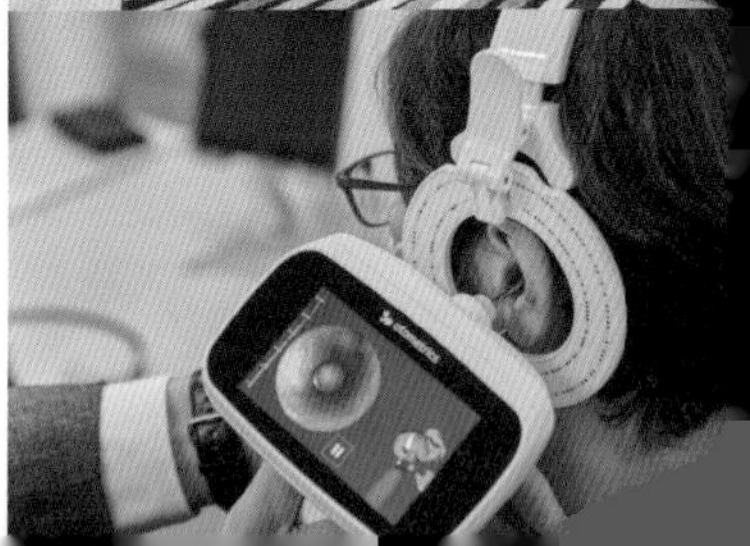

補聴器の専門家として ベターではなくベストを

従来の補聴器販売店は、モニターが店のスタッフ側だけにあり、それだとユーザーは自分の聞こえや補聴器の調整具合がどのようになっているのかわからず、何をしてもらっているかがわかりません。それに粘土（印象材）で耳型を採取する手法だと、耳型の現物をメーカーに送付してから作成者とやり取りが行われるため、時間が経ち型が変形するなどのデメリットがあります。補聴器の調整に際しても、ヒヤリングだけではユーザーの主観や感覚に重きが置かれるため、決して正確とはいえません。

当店では、補聴器で聞こえる、聞こえないをご本人の感覚だけに頼らず調整できるよう、補聴器の健康診断にあたる「特性装置」や耳の中の響きを自動計測する「実耳測定」を活用しています。さらに五〇インチのモニターを使用し、聞こえの状態をビジュアル化し、ご本人はもちろん、ご家族向けにもわかりやすく説明を行っています。そして関西では大変珍しい、耳の形状を3Dデータ化する専用スキャナー「OtoScan」（オトスキャン）を完備しており、データ化でメーカーと正確な耳の情報を共有することができます。

こうして、ユーザー一人ひとりに合った、「世界にひとつの補聴器」をお作りしています。

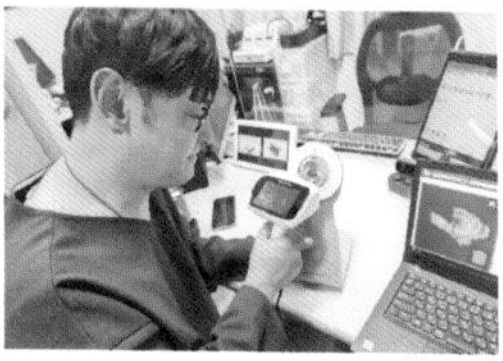

▲ 3Dスキャナーで耳型を採取

▲ 防音室で聴力測定

▲ 50 インチモニターで説明

▲ 出来上がった耳栓

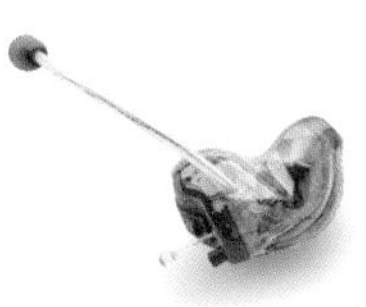

あなたにずっと快適な、
世界にただひとつの補聴器。

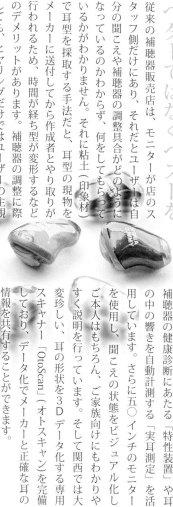

第2章

シャンプーハットてつじ×スペシャル対談

Special Conversation

てつじ　佐藤さん、よろしくお願いします。素敵な蔵見学ができて、すごい経験になりました。

佐藤　こちらこそ、ありがとうございます。

てつじ　佐藤さんのやりたかったこととか、「これからこうしていきたい」っていうことがすごく伝わってきました。

佐藤　そうですね、コツコツと。方向性はあんまり変わってないですね。新政酒造では、2013年から木桶での酒造りをスタートしてます。今の日本酒造りで主流である醸造用容器のサーマルタンクは、もはや5～6本残すのみですね。仕込み蔵には46本の木桶があって、来年新しい木桶を入れると、全量木桶仕込みになれます。一年間に4本とか5本とか新しく買ってたら、ここまできた、みたいな感じで

新政酒造　佐藤 祐輔

SPECIAL × CONVERSATION

シャンプーハット　てつじ

すね。

てつじ　木桶にしてみて、日本酒の答えは出ました？

佐藤　木桶仕込みの魅力は、木に棲んでいるさまざまな菌によって複雑な発酵が促されることだと思います。でも、木桶以外にもまだまだやることはありますね。自分としては、昔の酒の方が可能性に満ちていると思うんです。美味しさを求めると同時に、「日本酒ってなんなのか」っていうことを、どこかで追い求めているのかな。

てつじ　飲み手としては「日本酒は美味しい」とかいう次元じゃなくて、「楽しい！」とかいうような、杜氏（とうじ）からのメッセージやと思って飲んでるんですよ。

※杜氏……酒造りにおける最高責任者を指す。酒の原料選び、製造、貯蔵、品質管理まで統括する。

佐藤　うん、そうだと思いますね。日本酒というのは、杜氏が手を加えて造ったわけではなくて、あくまでも微生物を誘導してできたものに過ぎない。つまり、微生物が自然素材を発酵する過程が表現されている。本来、主役は微生物であって、造り手ではないです。ただ、「造り手は自然をどう解釈してるのか」っていうことは言えますが。

てつじ　はいはい。

佐藤　となると、やっぱり昔の酒の方がよっぽど自然が端的に表現されてたのかな、って話で。近代以降は、日本酒も「できるだけ自然の関与を削ごう」みたいな感じで進化してきてるんです。でもそうなればなるほど、日本酒から、人知の及ばぬ「深み」とか「すごみ」が消えてゆく。

てつじ　その土地で造られな

くてもいいお酒とかね。
佐藤　そう、時代を経れば経るほど、人間の都合が前面に出てきてしまいますね。いまや日本酒造りにおいてすら、自然が敵というか面倒なものみたいな感じで考えられてるんじゃないかと。
てつじ　はい。
佐藤　本来はやっぱり、微生物が造るもんだし。結局、自然が反映されちゃうんですよ。「自然の関与を削ごう」みたいな考え方だと、すごくいびつなかたちで反映されてしまいますよね。我々は、自然そのものを酒の中に描き出したい。だから木桶を用いてみたり、古い技術を使った方が馴染みがいいだろう、ということでやってるんです。
てつじ　それ聞くと日本酒っていうのは「絵画を飲む」みたいな感じですよね。
佐藤　そうでしょうね。田んぼの風景の絵を飲んでるようなところもありますよね。

自然を相手にするということ

てつじ　僕も素人なりに「米から日本酒」という企画で、4年ぐらい造らせていただいています。
佐藤　ああ！米からやってますもんね、すごいですよね。
てつじ　造ったからこそわかったことがたくさんあるんですよ。やっぱり自然を相手にしてるんで、「同じものはできない」っていうことを楽しまなあかんなって本当に思ったんです。
佐藤　そうですね。そこを無理に一緒にすると、お客さんは本当の楽しみを逃しちゃうから。そこはね、ビールと考え方が大きく違う点ですよね。ほぼすべての世界のビールの造り方は、安いカナダとかの麦芽を買ってきて造るものですね。これは非常に残念なことなんだけど。クラフトビールもそうだし、ウイスキーもそうなんだけど、麦を麦芽にすることすら自分でやってない。我々から見ると、造り酒屋で麹を作ってないで、買ってきて入れてるようなもの。その結果、大手のは特にですが、日本中どこに行ったって同じ味になる。でもまあ、それでいいのかな。逆に言うと、昨日買ったスーパードライと今日のスーパードライの味が変わったら、困りますもんね。

てつじ　困るね！

佐藤　そういう、日用品的な飲み物ですもんね。もともとはビールだって、もっと手造りの酒だったんですけどね。今でも古いやり方を踏襲して乳酸発酵を行ったり、機械をほとんど使わないブルワリーも世界にはあります。ただし、近代にドイツで産業化してからは、ほとんどのビールが大量生産を目指す装置産業の酒になりました。日本酒の場合は、そうならなくて良かったんです。なぜか、日本酒でビールみたいな造り方をすると、まずくなるんですよね。

てつじ　へえええ！

佐藤　日本酒でも、融米作り（ゆうまいづくり）というスタイルがあります。大手の手法ですけども。これは米を溶かしてから発酵させる、ビールみたいなやり方なんです。でも、融米作りで作った日本酒は、やはり日用品的な安酒のレベルを出ないようです。だから大手でも、本気で旨い酒を造ろうと思ったら、いわゆるふつうの日本酒の造り方である「並行複発酵（へいこうふくはっこう）」でないとだめなんです。

てつじ　はーーー！

佐藤　なぜか日本酒では、ビールのやり方が通用しなかった。何もかも科学で、どうにでもなっちゃうような酒ではない

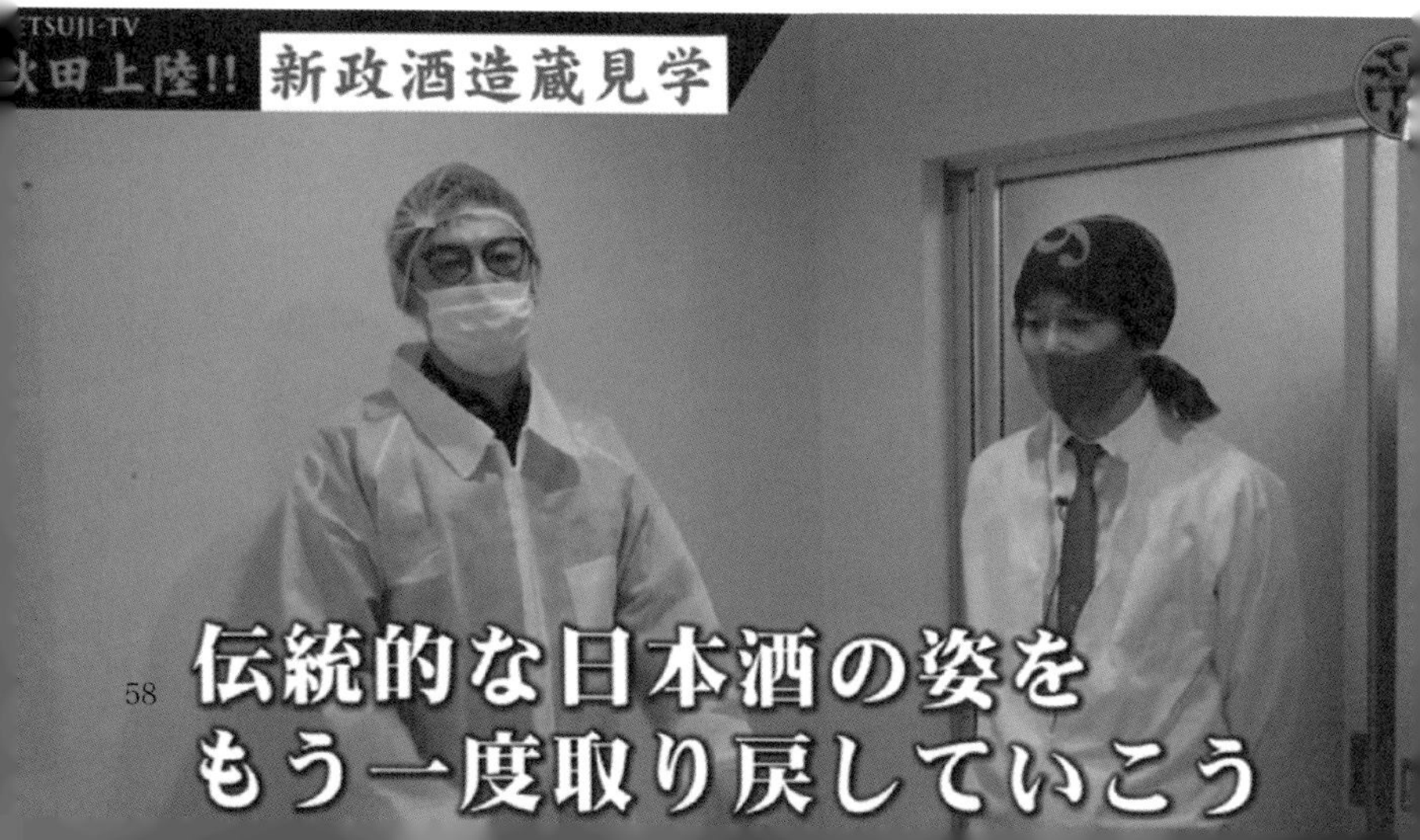
ETSUJI-TV
新政酒造蔵見学
伝統的な日本酒の姿を
もう一度取り戻していこう

のかもしれない。とは言え、融米作りではなく、並行複発酵でやるとなるとコストもかかるし、毎回、同じものはできないわけです。麹と酵母の発酵作用が同時に進行するので、コントロールが難しい。お互い干渉し合って影響し合うんで、いつも全然違うものになるわけですよ。こういうコントロールの難しさとか、品質の安定性に欠ける点を嫌って、巨大飲料メーカーとかビールメーカーは、日本酒の市場に参入してこなかった。割に合わないからですね。特に今、この蔵の中で見てもらった麹蓋（こうじぶた）とか木桶とか伝統的な製法は、小規模な品質優先の事業者でしか扱えない。僕らとしては、これこそ本来的な日本酒の姿だと思ってやってます。ただ、もちろんめちゃくちゃコストが上がりますけどね。

てつじ　そのコストもお客さんが理解した上でのコストやったら、高いとは思わないですもんね。値段の意味がわかるっていうのは、やっぱ大事。

佐藤　ええ。どっちみち、手間暇かければかけるだけ、量は造れなくなります。一方で、世の中の人みんながわかってくれるかというと、そんなこともないですし。結局、自分の身の丈に合ったファンぐらい、いてくれればいい話ですからね。

てつじ　素敵な話ですよね。お笑いにもやっぱ通じるものがあって。「分かってくれる人だけ笑ってくれたらいい」ではないですけど、やっぱり自分にあった身の丈。「無理しない」という範囲の中で、より多くの人に笑ってもらえたらなっていうのは、努力はしますね。

佐藤　ですよね。

てつじ　そこにちゃんと伝統とか、自分の中のルール、モラルというのはしっかり持っていきたいなと思ってます。その点、佐藤さんはしっかりされてるなって思います。

佐藤　ぼくらは、考え方が近いかもしれませんね。

誰もやらないから、自分でやるしかない

てつじ　僕の人生観で言うとね。どんだけ失敗するかで「人生楽しい」かが決まると思ってるんですよ。４年間、米から日本酒造ってるのもそうです。トラブルとか、失敗とかがない人生ほど寂しいもんはないと思って生きてて、大体この年ぐらいになってくると「こうしたら失敗するな」とか「こうしたらなんとなくうまいこといくな」っていう人生になってくるじゃないですか、経験で。

佐藤　まさに、そうですね。

てつじ　その人生って、はたから見たら「あいつうまいことといってええな」みたいな感じで。でも当事者としたら、想像の範囲の中の人生で終わってしまうなって思ったんですよ。

佐藤　客観的にうまくいってるように見えても、本人はつまらないってことありますよね。

てつじ　佐藤さんなんか、最たる例で、とにかく何かにチャレンジされてますよね。

佐藤　そうね、言われてみたら。でも、実はそんなやりたくてやってるんじゃなくて。

てつじ　え、そうなんですか。

佐藤　うん。だって、別に木桶だって本来は自分が造る必要はないものですよね。越権行為のような気もするし。誰かがやってくれれば、それに越したことはない。でも木桶って作り手がいなくなっちゃって、もうなくなる寸前なわけです。それは産業として、もはや成り立つレベルではないから廃れてしまったってこと。まともに考えると、木桶造りなんてビジネスにはならないわけです。でも、もはや木桶はうちの酒にはなくてはならない要素になってしまったんです。だから、木桶の文化がなくなってしまっては困るんです。何年も前から木桶の職人を養成して、今は木桶の工房の建築に着手してるところです。理想とする酒、そして伝統文化のためにやらなきゃならないと思ってやってます。

てつじ　そう思ってやってるんですね。

佐藤　そう、本来は我々の仕事じゃないですよね。でもうちの酒造りに必要だから、絶やさないためにやってる。農業もそんな感じです。単純に、地元の無農薬栽培の原料米で、お酒を造りたかっただけ。でも、秋田では誰も無農薬の米を造ってなくて、仕方なく自分らで始めなくてはならなかった。

てつじ　使命感みたいなもんですか、それは。

佐藤　ある意味、そう。だから仮に失敗しても、やり続けなきゃいけないんですよね。失敗したからやめようとか、そういうレベルの問題じゃないんですよ。だって、今うちの会社から木桶を作る能力がなくなったら、大問題が起きます。あんな木桶、誰がどうやってメンテナンスするの、みたいな話だし。無農薬のお酒だって、うちの中でもかなりの量を占めてきてて、これがないと、もうこの味をキープできない。しかし、無農薬の酒米を扱うのは大変です。素晴らしい酒ができるけど、無農薬のお米はめちゃくちゃに高いから、やればやるほど利益が出なくなってくる。オーガニックに興味ある客は、まだ日本にはそんなにいないから、価格に転嫁しづらいんです。とはいえ、もうあとには引けない。「いや参ったな」と思いながらやってますよね。

てつじ　はあ〜！

佐藤　何をもって失敗かっていうのもね、あるじゃないですか。本人が失敗って言わなきゃ失敗じゃないんだろうと思ってて、逆にこの失敗は重要な失敗だって言ってる時点で、ネガティブな意味での失敗ではない。その人にとっては。

てつじ　成功が見えてる失敗ですもんね。何かに気づいた失敗というか。

佐藤　そう。なので僕としては、やんなきゃいけないことが次々出てきて、やらざるを得ないところまで追い込まれてやってるみたいな。

てつじ　自ら追い込まれに行ってる感じですよね。
佐藤　木桶を初めて買ったときとか、無農薬の米が欲しいと思ったときは、現場がこんな状況になっているなんて知りませんでした。やっぱ追い込まれて、勝手にこうなってる気がしますね。

日本酒は、「製品」ではなく「作品」

てつじ　僕も人生でいうと、途中とかプロセスを楽しむようにしてるんですよ。今はスマホですぐ答えが出るじゃないですか。「答えが出るまでの時間が早くなってよかった！」って思うでしょう。じゃあ、その空いた時間で何してるかっていったら、悩みごとがどんどん増えてるだけなんですよ。答えを探す時間が短くなっても、その分新しい悩みが増えていくんです。答えを出すまでが、実は人生で一番楽しくて、悩まない時間だと思うんです。
佐藤　そうですね。悩んでいる暇がないというか。
てつじ　そう！　だからその時間を大切にしてて、ここ最近で一番楽しい時間が日本酒造りやったんですよ。一年間でプロセス・途中を楽しめる。相手が自然なので、人の力ではどうにもできないんです。
佐藤　まあ、そうですよね。
てつじ　どうしようもないですよね。本当に！こんな楽しいエンターテイメント、僕は

TSUJI-TV
新政酒造蔵見学
一番良いものができますよ

TSUJI-TV
新政酒造蔵見学
今年で170周年です

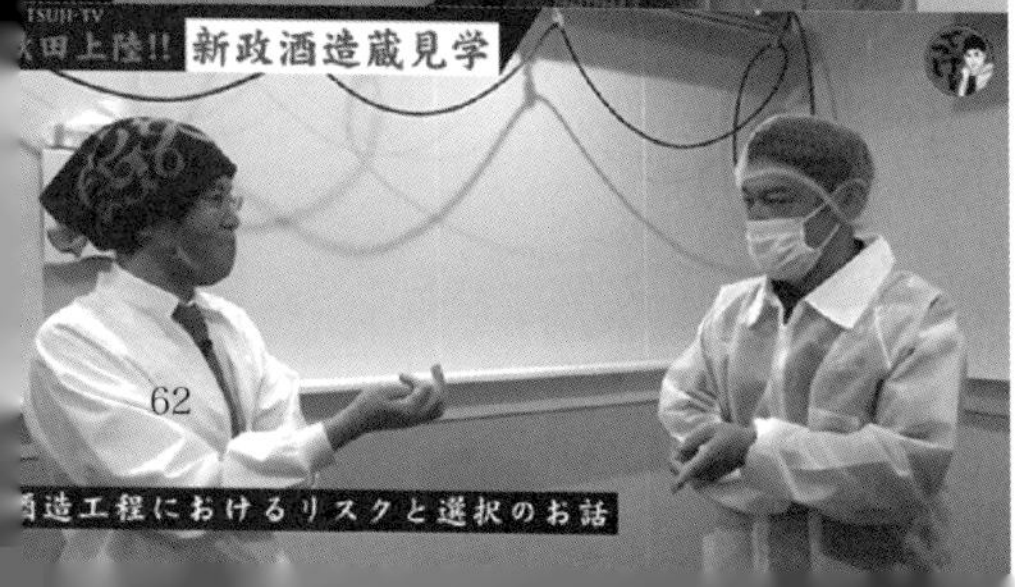
TSUJI-TV
新政酒造蔵見学
造工程におけるリスクと選択のお話

ないと思ってるんですよ！

佐藤　同感です。

てつじ　プロじゃないんで、そこで商売してないから、こんなこと言えるんですけど。こんな産業ないですよね、地域を巻き込んで。

佐藤　そうですよね。だから、酒を飲まない人も日本酒ってやっぱり一目置くというか。地方だと「初搾りです」みたいにニュースになったりしますよね。いろいろな産業がある中でも、特に日本酒だけ取材してもらうことが多いような気がします。

てつじ　そう！で、「地域のお酒美味しい」って褒めてもらって、こんな嬉しいことはないっていう。

佐藤　そうそう！だから、日本酒ってちょっとやっぱ特別なんですかね、その辺りではね。僕もよく「大変だったことはなんですか」って聞かれることがあるんですけど、大変だというか、大変とすら思ってない。きっと、スポーツとかと同じかな。選手がフィールド出てるときって、辛いとか楽しいとか、そんな客観的な気分にはならなくないですか。

てつじ　舞台上はそうです！

佐藤　反応してるだけで、感情がないでしょ、もう。

てつじ　そうそう！で、結果が出たあと、嬉しいとか悔しいって出るだけで。

佐藤　あとで思い出して「勝って嬉しい」「負けて悔しい」とかなるけど、試合中は何もないですよね。ひたすら反応してるだけ。それに近くて、何の感情もなく、とにかく取り組んでいることが多い。もはや仏教の「無」の境地に近いかもしれない。実はそんなときが一番しあわせな時間なん

てつじ念願の新政の心臓部へ到達

じゃないですかね、きっと。日本酒造りは本当に忙しい。成功しても成功しなくてもね。そもそも満足なコントロールはできないから。そうなると、究極的には誰の責任でもない。もうすごくあの……なんて言うんでしょう。精神衛生上いいかも。

てつじ　いや、ほんま釈迦が説いた答えってあるじゃないですか。諸行無常とか、なすがままに、何も抗うな、欲を出すなっていう。それもう、日本酒造りに全部当てはまるなと思うんですよ。

佐藤　そう思いますよ。

てつじ　やっぱり自然相手にするっていうのは、怖いって言えば怖いけど、楽しいといえば楽しい。

佐藤　そう、楽しいですね。それは100パーセントコントロールできないから、逆に飽きないでやれてるところもあるかな。予測できないからこそ、常に無心でできるっていうか。結局、自分の考えていたのと違う反応が起こるし、いつも思い通りに行かない。それがずっと永遠と繰り返されてるから、息つく暇もなく、人生が過ぎていく。どんな達人でも日々学ぶことがあって、常に現場では違うことが起こっている。日本酒造りを体験してしまったら、取り憑かれる人が多いけど、こういう点が人を惹きつけるのかな。

てつじ　だからか、日本酒だけは物に見えないんですよね。

佐藤　製品ではないですよね。うちも「作品」って言ってるしね。

てつじ　あ!佐藤さんやっぱり「作品」って言うんですね。

佐藤　そうそう、昔から言っ

てるんだけどね。「作為的」な「作る」っていう意味ではなくて、「自然を表現したもの」という意味での作品。人間が作ってるって意味では全然ないいんですけど、工芸品みたいな感じで、手間暇はかかっていますよね。だから製品ではないし、商品でもない。いい言葉が他にもあればいいんですけどね。

てつじ　佐藤さん、僕ここまでたどり着きましたわ。4年で。

佐藤　おおお、そうですか。

てつじ　出会いは、佐藤さんのお酒なんですよ。ネクストファイブとNo．6から。

佐藤　聞いてびっくりしました。ネクストファイブの一番初めのお酒って2011年ですよね。

てつじ　多分そうです。

佐藤　でしょ。そして、No．6の登場も、2011年なんですよ。

てつじ　その日、同時に飲ませてもらったんですよ。

佐藤　よい体験でしたね、それは。ちょうど去年が、ネクストファイブの結成一〇周年。同時にNo．6の一〇周年でもありましたから、イベントなんかもいっぱいやりましたね。

てつじ　あのとき、ぼくNo．6を一升瓶で飲みましたもの。

佐藤　そう、当時はまだ一升瓶の酒も製造してましたね。しかも、あの年のNo．6は、火入れと生の2つのバージョンがあったんです。それが生酒だけになって、その後四号瓶だけになって――と変わっていきました。

てつじ　全部四号瓶にしたのは、飲み手に佐藤さんの「作った作品をそのまま伝えたい」っていう想いですよね。

佐藤　そうですね。生酒なんか特にですが、開栓したら早く飲み切ってもらいたくて。

てつじ　絵画に落書きしない

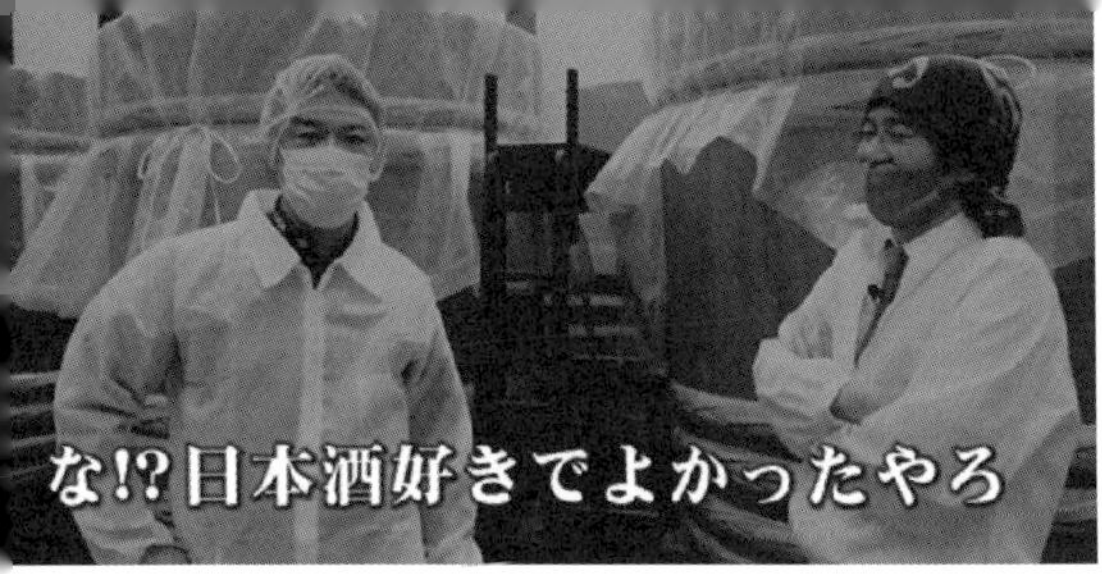

ですもんね。

佐藤　それは僕もそう思う。

てつじ　で、ちゃんと額に入れて飾ってよって話じゃないですか。

佐藤　うん、そうですね。別に、お客さんは好きに飲んでいいんだけど、一応、わかった上で好きに飲んでよっていう気持ち。

てつじ　絵だって、飾る方向あるじゃないですか。「逆さまに飾ったらあかんやん」っていう。

佐藤　おかしいですよね。それはルールだから。

てつじ　絵を逆さまに飾ってるような飲み方とか。お店の人が日本酒をそうやって置いてるとか、ね。

佐藤　そう。まあ何もかもわかった上でやってるプロの方ならいいんですが。でも実際のところ、この業界はまだまだ問題がありますよ。日本酒って、一筋縄ではいかない飲み物なんですよね。

日本酒が地方創生につながる未来

てつじ　佐藤さんの、今後の野望みたいなのはあるんですか。

佐藤　いや、野望もなくて、次々とやらなきゃいけないことが増えるから、その対応を延々としてる感じですよね。

てつじ　ははは！

佐藤　今度、木桶の工房が蔵の敷地の中にできるんですよ。無農薬の栽培やってる自社田も、どんどん面積が増えてきてます。いつか無農薬の田園の近くにもう一つ、小さい蔵を建てたらいいなと思います。そしたら、夏に米作って冬に酒造りみたいな、江戸時代のような生活ができるんじゃないかなと。そういう新しい働き方のモデルになる地域に育っていけばいいなと思っているんですよね、勝手に。

てつじ　僕、たった4年で感じたことで、佐藤さんに、やってほしいなってことがあるんです。

佐藤　はい、なんですか。

てつじ　僕、とにかく素人さんだけで造ってるんですよ。一番、日本酒のおいしい味の元になるのは、経験とか体験やと思ってるんですよ。だから、僕らにも、新政酒造の日本酒を、ちょっとでもいいから体験させてほしいなって思うんですよ。

佐藤　ほう！具体的にはどんなことを体験したいんですか？

てつじ　一緒に田植えを経験したり、日本酒ができるまでのプロセスのうち、何か一個を体験させてもらえることができたら……。僕の日本酒造ってるチームの人って、知らない間に日本酒の知識をすっごい得てきてる。全国どこの蔵でも、その地域の人を巻き込んでいったら地方創生にもなるかなと、僕ほんまに考えてて。

佐藤　そうでしょうね、それはそうだと思いますよね。

てつじ「その蔵があるからそこに引っ越そう」とかなったりして。

佐藤　そう！　それは言えると思う。

てつじ　日本酒の蔵が空き家問題とかを全部解決するんちゃうかな、と思ってるんですよ。

佐藤　確かにねー。それだけの魅力はありますよね。日本酒には。

てつじ　田舎に暮らす人は何が怖いかって、働くとこがないのが一番怖いんですよ。

佐藤　それは僕もそう思う。だから、農業と酒造りがセットになってたら、一年中働けるじゃないですか。

てつじ　はい！

佐藤　ちっちゃい村の中だったらそういうこともできるかな、ということは多少考えてたんです。試しに体験してもらいたいものですね。

てつじ　そうなんですよ。全部やってくれとは言わないんですよ。

佐藤　そうですか。そういう機会があれば、ぜひ体験してもらいたいですね。酒造りとか、田植えとか、刈り取りとか。日本酒のファンがどんどん増えてくれると思うので。

てつじ　秋に、僕のチームを

全員連れてきてもいいですか。
佐藤　いいですよ。わかりました。
てつじ　気が向けばでいいので。
佐藤　はい、大丈夫です。
てつじ　本当にもう今日は貴重なお時間をありがとうございます。
佐藤　いやいや、こちらこそありがとうございます。
てつじ　佐藤さんの本音を聞けて、本当に良かったです。
佐藤　僕らもまだまだ道半ばですので、今後ともよろしくお願いいします。

（文・鳥飼アミカ）

（出典）
てつじＴＶ
「正に江戸時代！新政酒造 蔵見学！」

てつじ　十年くらい前に僕が『宮田麺児』というつけ麺屋をプロデュースすることになったとき「絶対に棣鄂さんの麺じゃないと『宮田麺児』をやらない」と決めていたんです。それを引き受けてくださってからのご縁ということで、長いお付き合いになります。こうして、お互いのやってることや考えてることを話し合うのって初めてですよね。

知見　そうですね、ちょっと恥ずかしいですね。

てつじ　知見さんも今年で五十歳、僕ももうすぐ四十八歳。やっぱり五十代になるって、ちょっといろいろ考えますよね。

知見　考えますね。白髪生えてきたり見た目も変わってくるし、体力の衰えとか、目が見えにくくなっちゃったりとか。あとは、イライラしなく

麺屋棣鄂 知見 芳典 SPECIAL × CONVERSATION シャンプーハット てつじ

なりましたね。若い頃はよく客先で喧嘩して帰ってきたりしてたんですけどね。
てつじ　そうなんですか！
知見　物扱いされるんですよ。「業者は黙っとけ」みたいな。そういうことを言われると「あ、すいません。じゃ僕の仕事じゃないですね」って言って帰って来たりとか。
てつじ　なるほど。

家業を継ぐきっかけ

てつじ　知見さんは家業の三代目としてこの製麺所を継いだということなんですけど、最初から家業を継いだわけじゃないんですよね。
知見　そうなんですよ。沖縄でヨットレースとかしてましたね。
てつじ　それから家業を継ぐことになったのは、なぜですか？
知見　「いつまでもフラフラしてられへんな」ということで、まず京都に帰ってきてビルの掃除会社に勤めたんです。するとトントン拍子で出世して、もう三十歳くらいで結構なポジションになってしまったんですよ。「この仕事を定年まであと三十年間続けるのか？」という、絶望感のような漠然とした恐怖心を持ちながら毎日仕事してたんです。
てつじ　その頃から人生設計みたいなのを考え始めて、いつか継ごうと考えていたんですか？
知見　それは思ってなかったですね。子供の頃から、親父には「製麺所を継がなくて良い」とずっと言われてたんです。「麺屋なんかやるもんやない」と。ところが、僕が仕事に対してちょうど悶々としてた頃に、親父が病気で倒れて。親父も従業員さんを抱えてるんで、いざ倒れるとそのまま「はい終わり」とは言えないということで、やっぱり家に帰って来てくれへんかと。
てつじ　そういうタイミングで継ぐことになったんですね。でも、急に継げって言われて継げるものではないですよね。
知見　そうなんです。家業やから、普通は子供の頃からある程度手伝ったりすると思うけど、それもなかった。だから、昔はうどんとか蕎麦もやってたんですけど、うどんと蕎麦を間違えて納品したりとかしてめっちゃ怒られました（笑）

継いだ当初の状態

知見　実はうちを継いだとき、ラーメンの麺は二種類しかなかったんです。
てつじ　そうなんですか！二種類ってどういう二種類なんですか？
知見　えっとね、卵入ってるか入ってへんか（笑）
てつじ　え、そこなんですか！知見さん、そんなところからスタートしたんですか？
知見　そうなんです。一番最初は二種類で。ニューオープンのお店があると、この二種類の麺を持って営業しに行くんですよ。それで「合わへん」って言われたら、「あ、すいません。さよなら」って言って帰って来るんです。
てつじ　お父さんはそれで商売成立していたんですよね。
知見　成立してたし、その頃はお客さんもラーメン屋さんも、麺にそんなに頓着しなかったんです。
てつじ　「小麦粉だけで作っておいてや」くらいの。
知見　そうです。だから、当時は小麦粉も一種類だけしか使ってなくて。
てつじ　「商品」をただただ言われたままに作ってたと。
知見　一度にたくさん作って、コストを抑えて安く売るのがカッコいい麺屋さん、という感じだったんです。

ラーメン業界を変えた存在

知見　僕が製麺所を継いだ、今から二十年以上前の頃って、まだ麺にそんなにフォーカスが当たってなくて。
てつじ　確かに、僕も当時ラーメン食べに行って「ここの麺美味しいな」って言うた記憶ないですもん。
知見　そうなんですよ。この二十年で、世間のラーメンの捉え方が凄まじい勢いで変わってるんです。昔はお店に行って「この味噌ラーメン美味しいな」って言って帰るだけやったんですけどね。それが今は、麺もしかりラーメン作りに関する情報とかもSNSで出回るようになって、麺はアレでコレでとか言い始めて。そこでブランド製麺所とかいう言葉も生まれてきて、麺にもフォーカスが当たり始めたんです。

てつじ　それは、この二十年で世の中のラーメン屋が変わってきたんですか。それとも麺屋の方からですか。

知見　歴史を紐解くと、まず一番最初の大きなインパクトは佐野実さんですね。佐野さんが「自家製麺」「国産小麦」って言い出したんです。

てつじ　それまで、自家製麺というのはなかったんですか。

知見　自家製麺はあったんですよ。特に東北なんかは自家製が当たり前やったんですけど、その自家製の麺を「自家製麺」と言う概念がなかった。「当たり前やろ」と。自家製麺って、要はコストダウンですよね。材料だけ買って自分のところでやった方が安いし早いし、ということでやってる人ばかりだった。でも、食べる人が「自家製麺」「国産小麦」という言葉に興味を示し出したんです。

てつじ　それこそラーメンの言葉でよく言うじゃないですか、「一番美味しいスープって何や」と。豚ガラでも鶏ガラでもなく「人柄」やと。まさに佐野さんが『人柄』というラーメンが美味しいんやで」っていうのを確立したんですね。

知見　そうですね、あの人が変えたんです。

生き残りを誓った第一回営業会議

知見　今でも覚えてるんですけど、僕が社長になるし、弟も工場長として引き入れて「さあ、兄弟でリスタートするぞ」ってときに、棣鄂の第一回営業会議をやったんです。そのとき僕が最初に弟に言ったのは、「お前は佐野実を超える麺博士になれ」です。僕が営業なんで「弟が作った麺を全国どこにでも売りに行ってやるから」っていうことを最初の会議で話しましたね。

てつじ　そうじゃないと、もう生き残っていけないと。

知見　生き残っていけないし、何でしょうね、僕自身が違う業種から入ってきてるから「麺業界は、何を時代遅れなことをしてるんや。このままでは倒産する」と最初に思いました。

てつじ　そして「一玉からでも作る」というオーダー麺の工場に切り替えたんですか。

知見　そうです。それで一番最初に二千万円借金して、一千万円は運転資金に回して。残りの一千万円で『小型ミキサー』を買い、麺を試作できるようにしました。

てつじ　そこからスタートですか！

知見　貴重な資金をそこに設備投資するなんて「アホちゃうか」ってよう言われたんですよ。そんなオーダーメイドって言っても、お客さんも来るかわからないのにって。けどね、僕がラーメン店主ならそういうオーダーメイドの麺を使いたい、それがすごい心の中にあって。そこに根拠はなかったけど、自信はありましたね。

てつじ　もうまさに「人柄」が出てたという。

知見　そこがスタートですね。

てつじ　その最初のミキサーはまだあるんですか。

知見　この前手放しました（笑）

てつじ　何でなんですか！　ちょっとその前で一緒に写真撮りたいなって思ったんですよ！（笑）

知見　あの、スペースが……。「これ邪魔ですわ」いう話になって……（苦笑）

てつじ　あとで写真だけください（笑）

オーダー麺の夜明け

てつじ　ちょうどその頃から、食べる側ももっと美味しいラーメン、もっとこだわりのあるラーメンを求めるようになってきたと。

知見　タイミングですよね、夜明けっていうか。僕がやってたことも独りよがりに見えたんですけど、その変化にガチッとハマった。

てつじ　子供の頃からそういうこだわりのあるラーメンを食べてきた人が、次は自分がラーメン屋になったときに「麺はちゃんとイメージ通りにオーダーかけたい」っていう風になって、今現在までどんどんつながってきてる感じですか。

知見　そうですね。

てつじ　すごい話ですよね、それ。でも、最初から順風満帆ではなかったでしょう。

知見　全く。

てつじ　だって、ラーメン屋に「麺変えませんか?」なんて、ラーメン屋からするとふざけんなって話ですよね。

知見　機嫌良く営業してるのに、「すいません、この麺不味いからこっちの麺に替えたらどうですか?」とか、喧嘩売りに行くようなものですよ。

てつじ　しかもこれでお客さんが「美味い」言うてるのに。これ、皆さんにもぜひ覚えておいて欲しいんですけど、麺って太さを1ミリでも変えたら、ほんまにラーメンの味変わるんですよね。

知見　全然違うんですよ。

てつじ　すすり心地が変わるとスープの味変わったり、何ならスープの温度も変わったりもしますよね。印象も変わるしね。

知見　そうですね。

てつじ　今みたいに「ラーメン店主の方もこだわった麺を作らなあかん」という発想になるまで、けっこう時間がかかったんじゃないですか。

知見　そうですね。現に自家

製麺でやってる人って本当に少ないんです。だから、時間は確かにかかったんですけど、そこで僕らに追い風が吹いたのがSNSなんですよ。「何か知らんけど、あそこの読まれへん漢字の麺屋、美味いんちゃうか？」みたいな。

てつじ　まさにそれで僕も……。

知見　引っかかった？（笑）

「宮田麺児」のオーダー麺ができるまで

てつじ　僕が良く行く美味しいラーメン屋さん行ったら、何かその読まれへん難しい漢字が麺箱に書いてあって。店主に話を聞いたら「うちのオーダー麺を頼んでる製麺所なんや」という話になったんです。ほんで、また違う店行って「どこの麺なんやろ」と聞いたら、また棣鄂やったんです。それがつながってつながって、僕も「つけ麺」「ラーメン」ってテレビとかで言うようになって。「つけ麺やりませんか」っていう話がきたときにはもうまんまと「棣鄂じゃないとあかん」ってなってました。ただ、最初「宮田麺児」がオーダーかけたとき、断りはったんですよね。

知見　そうなんです。当時はまだ町家をくり抜いて機械が一台しかない状態でやってたんです。オーダーメイドがちょっと軌道に乗り出したときくらいやったんで、もう一ラインでは作りきられへんぐらいで。
てつじ　生産がパンパンやったんですね。
知見　ラーメン屋さんの麺って「今日作れませんでした」ってなったら、ラーメン屋さんが営業できない。それはシャレにならない話なんで「既存のお客さんに迷惑かかったらあかん」ってことで止めてた時期に、電話がかかってきたんです。それで、いつもは電話でお断りしておしまいやったんですけど、一応「事前に芸能人の方が……」ということは聞いてたんです。芸能人さんだからというわけではないのですが、なんかね、電話口の人の感じが気になって、直接行ってお話しようってなりました。それで大阪まで行って「芸能人かどうかは知りませんけど、今みんなお断りしてる状況なんで、すいませんけどご勘弁ください」と。そのときちょうど、てつじさんがテレビでよくうちの麺が「美味しい美味しい」言うてくれてはる時期やったんで「芸能人さんでも、うちの麺を『美味しい美味しい』言うてくれてはるてつじさんやったら話は別ですけどね」とポロッと言って、その日は引き上げたんです。そしたら後日、電話がかかってきたときに「知見さん逃げられへんで。これ、てつじさんやからな」と。僕もちょっといらんこと言ってしまって（笑）
てつじ　僕も「宮田麺児」を

推薦してくれた人に、「棣鄂が麺作らんのやったらつけ麺やりません」って言ってたんで。

知見　電話してきた人はヒヤヒヤしてたやろね（笑）結局、カチンとハマった状態になったので「じゃあわかりました」と。

オーダー麺を作る上で大切にしていること

てつじ　宮田麺児のオーナーに、「原価計算とかはオーナーである俺の仕事やから、てつじはほんまにやりたいやつをオーダーしてくれ」って言われたんです。もちろんお金も大事ですけど、一番にお金じゃないと。そこで僕が最初にオーダーした麺がこれです。『白いワンピースを着た女の子みたいな麺』

知見　聞き返しましたね（笑）

てつじ　僕も一応芸人やってるんで、「何かオモロいことやってや」っていうのが一番難しくて。「美味い麺作ってや」は無理じゃないですか。だから、白いワンピースを着た女性って、清楚で美しいやろなっていう、そういう逆からのイメージを伝えました。それで「お金はいくらかかってもいい」ってなったら、作る側も「この小麦やったらコストオーバーやな」みたいなことがないから、違う発想から新しい麺できるなと思ったんですよ。

知見　確かにその通りです。だからうちのオーダーメイドの躍進には、てつじさんがかなり大きいウェイトを占めていて。要は、リミットを決めない。一回やってみて「値段が高い」と言われたら、別に

そこから落とすことは全然できるので。そのために、プロとしてどこまでできるんやっていうところはちゃんと見極めて、自分がどんな技量があるのかということは常に理解しとかなあかんなって。

てつじ　棣鄂さんと仕事して、これを笑いでも活かそうかなと思ったんですよ。例えば、何か依頼を受けたとしたら、相手の想像の一・五倍のことを返さんとあかんなっていうことなんです。「白いワンピースを着た女性みたいな麺」って言ったら、僕の中ではこれぐらいの麺ができるかなと思ってたら、棣鄂さんはその一・五倍想像を超えてくるんですよ。「それやったら、もっとこうしてくれ」ってオーダーかけていくからまた一・五倍になって。最初に思い描いてた麺の何十倍も素敵な麺ができるっていうことが、ほんまにわかったんですよね。

知見　それすごく大切にしてます。結局、プロが固定観念で決めてしまうと、意外とそれが足かせになったりするんですよ。そこをはみ出す。だからはみ出し方を教えてもらったんです（笑）

てつじ　僕もよく言うてるんですけど、失敗なんか世の中にない。

知見　その通りです。だから僕らの引き出しがめちゃめちゃ増えました。

てつじ　知らん間にね。オーダー麺って、基本ほとんど失敗でしょ。

知見　失敗ですね、はい。頑張る方向が間違ってたり（笑）

てつじ　それが今現状では失敗でも、追々それがすごい役に立つっていう世界ですよね。

知見　そうなんです。

螺旋階段を上がり続ける

知見　今から二十年以上前に、工業製品のように麺作ってた頃は、国産小麦は「農林○号」とか言われてて、名前すらついてなかったんです。それから国産小麦も品種改良されていって、今は愛称が付くようになってます。

てつじ　どんどんと、アップグレードがすごくなってるんですね。
知見　本当に螺旋階段のように。ここが上がったらこっちも上がってこっちも、みたいな。ラーメン屋さんがすごい勢いで変化、変容していく。
てつじ　ほほぉ！すごい！知見さんは「ラーメン屋さんができるまでの途中」をほんと楽しんでますよね。まさに僕がやってる活動と一緒です。結果や物なんかあふれてるから、いかに結果までの途中を楽しむかが人生のプラスやなと思うんです。
知見　そうですね。ほんまに勝手口からね。
てつじ　ラーメン屋ができるまでの「途中」ってどう見てますか。
知見　結論、どこまでいってもコミュニケーションなんですよ。さっきのつけ麺を理解してもらうのもコミュニケーションだし、自分のラーメンっていうこの作品をお客さんに認知してもらうのも、ラーメンを介した言葉じゃないコミュニケーションです。そこに入れてる「人柄」っていうのも含めて、すごい複雑に混ざって一杯が完成するので。
てつじ　なるほど。
知見　でも本当に泣きそうになりますよ。0→1で始まるときに関わらせてもらって、そこのお店が例えば行列になるとか、テレビに出るとかってなったら、一緒に嬉しいし。
てつじ　やっぱり、途中を応援するって良いですか。
知見　ちょっとおこがましいですけど、何か子供を育てているような感じです。「歩くようになった」とか「しゃべるようになった」みたいな。その過程がすごい嬉しいなぁって。ミシュランとったとかね、もうめちゃくちゃ嬉しい。
てつじ　そのラーメンの過程も味わいたいですよね。

自分が食べたいラーメンを作りたい

知見　作業として麺を作ってた先代の頃と、今のオーダーメイドが大きく違うのは「作る目的」があるから。それをやる「理由」を考えるようになりました。

てつじ　作業だけやったら、理由を考える必要ないですもんね。

知見　そうなんです。ただギャーって粉入れて、ビャーって水入れて、混ぜてたらできるものなんで。でも実際食べてみて、スープの味の感覚も入れて「もうちょっとこうしたら……」とか。結局、自分が美味いラーメン食いたいっていう思いがある。

てつじ　ラーメン屋さんを喜ばせるより、それを食べた人を喜ばせたいってことですよね。

知見　そうです。ちょっと語弊があるかも知れないんですけど、僕らにとってラーメン店主さんだけがお客さんやと思ってないんです。麺をすすったエンドユーザーが暖簾から出るときに「うまかった～！」っていうのが僕らの目的地なんで、そのために店主さんと強く当たることもあるんです。

てつじ　エンドユーザーを見て答えが出る職業っていいですよね。だから「ラーメン屋に麺を届ける」っていうのも、まだ「途中」なんですね。

知見　途中なんです。

てつじ　うわーほんまにいい話が聞けました。僕が気づいたことを、商売として既にやってた知見さんって、やっぱり偉大やなと思いました。これからも一緒に途中を楽しみましょう。知見さん、ありがとうございました！

知見　ありがとうございました！

（文・名護健二）

Dr.Nelso
Yamawa

てつじ　よろしくお願いします。和田さんのYouTube、いつも見させていただいてます。

和田　全部てつじさんのおかげです。まさか僕がYouTubeやると思ってませんでした。

てつじ　人の縁と縁がつながって、僕の方は「今までの活動を本にする」という企画も始まりました。和田さんと出会って一番大切にしてるのが、完成じゃなくて「途中を楽しむ」です。

和田　ずっとてつじさんがおっしゃってることですよね。てつじさんといろいろやらせていただいて約2年でしょうか。

てつじ　出会いは3年、4年ですかね。僕が日本酒を造り始めて4年なんです。日本酒造りとかクラファンのトークイベントをラファウトでやっ

空き家活用株式会社 和田 貴充 × シャンプーハット てつじ

SPECIAL CONVERSATION

たときに、和田さんが遠くから指くわえて見てたのを覚えてます。その後、ラフアウト担当の社員さんから「空き家を活用されてる和田さんです」と紹介されて「あ、また変な不動産屋がやってきたな」と思ってました。

和田　僕のこと、みんなだいたい「うさんくさい」っていうところから始まるんですよ。

てつじ　和田さんが「空き家活用」という面白い活動をされてることは理解してました。でもそのときは、日本酒を造ることにしか興味がなかったんです。その後、保育園のクラウドファンディングを、綾部のみなさんと一緒にやることになりました。そこで初めて「田舎」というジャンルで活動するようなった。「それやったら和田さんといろいろ出来るかな」と思いました。

和田　僕らも「空き家活用」という会社をやっていて、空き家問題というものをもっと面白楽しく知って欲しいなって啓蒙したかったんです。僕も大阪ですし、出来るなら芸人さんの中でこの活動を理解してもらえる人とやりたいなっていうのがありました。てつじさんが「米から日本酒を造る」と聞いて「いいことやってんな」と思って。それで僕からてつじさんに「米から日本酒を造ってみんなで楽しむということであれば、最後の飲む場所を一緒に作りませんか？」ってお話させてもらったんです。

てつじ　その「場所」っていうフレーズなんですが、ちょうどそのとき、「サードプレイスがある方が人生が豊かになる」っていう本を読んでたんです。「サードプレイス」っていう、家でも職場でもないもうひとつの場所。みんながそれぞれスキルを活かせる場所。そのタイミングで和田さんから「サードプレイス的な、みんなで飲める場所を作りませんか？」って言われて。でも、行ったことも聞いたこともない地名の場所に空き家を買って、みんなに「来てください」ってよう言わんなと思ったんです。だから「ちょっと前に綾部で保育園の支援をした仲間がいてるから、綾部に空き家があるんやったらやります」っていう条件を出しました。そしたら一緒に綾部まで空き家を探しに行ってくれて。

和田　僕も最初は「借りるの？　貸してもらうの？　町に用意してもらうの？」って。どうするのかなと思って、てつじさんに聞いたんです。そしたらてつじさんが一言、「買いますわ」っておっしゃって、これで一気に進みました。あの感覚って、どういうことだったんですか？

てつじ　僕が住むんじゃなくて、ここを拠点にみんなそれぞれ持ってる能力、スキルを活かせる場所を作りたかったんです。だから条件は2つ。「綾部じゃないとあかん」、もう一つは「住む気はない」。それと、クラファンをやるにあたって、自分もひとつ大きな責任を背負わんと人は支援してくれないって思いました。クラファンで自分が身銭きってない、何もしてないのにお金だけ出してくださいは絶対にないから、とにかく「場所はある、俺がここを買った」だからあとは「皆さんがいろんな形で支援したらここの形が予期せぬすごいいい形になりますよ」というスタートだけはちゃんと切りたかったんです。

和田　「そこがイメージ出来てたんだ」とあとで分かったんです。「買って大丈夫？」っていう不安なところを、てつじさんにポンと後押ししていただきました。

てつじ　いいも悪いも芸人やったんで失敗がおもろい世界なんですよ。とにかく失敗がコンビニで売ってるんだったら僕はなんぼ払っても買うんですよ。失敗談をテレビでも言えたら最高やと思って。本気で空き家買って何もうまいことといかへんって面白いやないですか。最悪エピソードができるからどっちに転んでもいいように。結果失敗がないっていう世界の中でやったらみんな参加してる人も堂々とやりたいことやれるから。

空き家活用和田社長流！物件探しのコツ

和田　ちょっと話戻りますけど、2年前の夏に「綾部で空き家を買おう」ということになって。確か、8件見に行きましたよね。

てつじ　あのとき、和田さんがちゃんと行政を通してくれてて。「ほんまに空き家活用やってんねんな、ただの不動産屋じゃないねんな」って思いました。僕が一人で「こういうことしたい」ってなっても、行政を通すっていう発想はなかったんですよ。「移住促進のまち」やったことで、和田さんもだいぶ話が早かったんですよね。

和田　そうですね。元々行政の方と直接やりとりさせていただいて、「シャンプーハットてつじが家を買うかもしれない」と当時は大騒ぎになってました。

てつじ　YouTube観てる人で空き家に興味ある人は、やっぱり行政に一回行くといいですよね。

和田　地方は特にそうです。綾部はちゃんとしてるんですけど、中には市町村の不動産屋さんがないところもあるんです。

てつじ　そうなると、役所で移住促進に熱心なところに聞きに行った方が、情報がいっぱい集まるわけですね。

和田　おっしゃる通りです。あの時も行政の方に用意していただいて、8月に8件見に行きましたね。

てつじ　今やってる綾部の家が奇跡的な物件だったんです。本来なら7軒やったんですけど、前日急にその物件が出たんですよね。

和田　そうです！その物件を見に行ってすぐ「これ！」ってなって。

てつじ　あのときは「たくさんの人に来て欲しい」とかあったのに「車をどこに停めるか」とか考えんと決めたんです。たまたま近くに公民館があったからよかったけど、やっぱり「将来こういうことがしたい」と逆算して物件を見つけるのも大事やなって思いました。

和田　どういうことがやりたいかで「周りに車を停められるスペースがあるか」「協力してくれる人いてるか」とかも考えて探したほうがいいですね。

てつじ　間取りや景色だけじゃない。使い方でどんな物件も宝になるんやなって思いました。

和田社長が驚いたてつじの行動力

和田　そこから、「中をどう改装していこうか」というときに「僕たちが工務店さんを探さなあかんな」って思ってたんですけど、いきなりＤＩＹのイベントに参加されたじゃないですか。ここがてつじさんのすごいところですよね。

てつじ　その辺全く知らんくて。和田さんが「空き家活用やってます」って言うたから、大工や工務店みたいなのも全部やると思ってたから。
和田　僕は大工ではないんですが、これはやらなあかん、誰か助けてもらわなあかんって思ってましたね。
てつじ　僕、やりたいことあったら「先に同じことやってる人おらんかな」って探す癖があるんです。誰もやってないことをやりたいんですよ。今までと同じことをやって失敗したら、失敗になる。けど、やってないことをやるのは失敗じゃなく、ただの経験になるんです。『リフォームを一緒にやろう』って企画をやってる人おらんかな」っていろいろ調べてたら、ＶＩＣＯっていう工務店の社員さんがクラファンをやってたんです。「豊中にある自分の家を一緒にＤＩＹしてください」っていうリターン作ってたんで、買って行ったんですね。ほんで「綾部というとこに家を買ってて、こういうことやりたいんです」ってＶＩＣＯさんに言ったら「やらしてください」って、「どうぞ」って言ってチームになりました。

和田　そうでしたね、奇跡的というか。
てつじ　意味わからんまま、そこでもらった名刺を和田さんに渡したら「てつじさん、これ工務店さんですよ」言うて。「途中を楽しむから、完成させんといてください」っていう考えが同じやった。僕よりも早くそういうことをやってた工務店なので、一気にチームになったというすごい出会いでした。
和田　てつじさんがスタートからどんどん突っ込んでいって、周りを巻き込んでいって。その行動力がすごいなって。
てつじ　それはよう言うてるけど「犯罪以外なんでもする」「病気以外なんでももらう」ですね。
和田　名言ですよね。

サードプレイスのすゝめ

てつじ　途中を楽しむから、完成しなくていいんです。サードプレイスなので、みんなが力を発揮できる場所さえあったらいいなって。チームに「白鳳社寺」という宮大工の方がおってね。その方が囲炉裏を造ってくれたんですけど、造って終わりじゃなくて、みんなで囲炉裏の部材を組んで完成させたんです。それが「宮大工」という職業の宣伝にもなるんですよ。「宮大工と行く法隆寺のツアー」もやって、みんなをどんどん巻き込んでいきました。人の輪をつなげていくと、円と円が重なり合う部分ができるじゃないですか。そこに、すごいパワーがあるんです。この円のほかのところにも違う円を重ねていく。

和田　アヤベダファミリアって、今まさにそうなってますよね。いろんな円がどんどん集まっていって、真ん中がどんどん重なってきている。

てつじ　てつじ亭のサードプレイスを楽しむためにも、本職をしっかり頑張ろうと思いました。こうやって和田さんとか他の方と出会うたび「本職の方もちゃんとやっとかんと」って。サードプレイス行ったときに「最近てつじさんテレビ出てないですね」って言われたら、こんな恥ずかしいことはない。そうなると、次サードプレイス行かれへんなって。「僕がテレビ出て活躍することを、みんなが喜んでくれるんや」と思ったら、もっと頑張ろうと思えました。

和田　僕も、てつじさんやみんなとの出会いの中で「空き家活用」言うてるけど、もっともっと頑張っていろんなところでやっていかないとかっこ悪いなって思ってます。

てつじ　サードプレイスという場所は「他の本職の方も相乗的に頑張れる点」がお勧めなんです。みんなも自分のスキルを見つけるのが難しかったら、アヤベダファミリアに入っていただければ。

和田　サードプレイスで自分たちのやってることを話すと「すごいですね」って言ってくれるから、ますます本業に誇りが持てますね。

てつじ　みんなそれぞれすごいスキル持ってるのに、自分は当たり前やと思ってる。宮大工も神社を作って当たり前やけど、一歩外出たら「神社造れるんですか！」ってなる。宮大工の技術で囲炉裏が造れる。自分の持ってるスキルを本職以外で生かせるっていいなって思うんですよ。

和田　あの囲炉裏、普通は造らないですよね。

日本が直面している空き家問題

てつじ　和田さんも、活動が広がりましたよね。

和田　そうなんですよ。てつじさんからご紹介いただいたサバンナの高橋さんもそうですし、芸人「女と男」の市川さんもそうです。芸人さんでてつじさんのやってる活動を見て「俺らもこんなんやってみたい」「おもしろいな」って言ってもらって、お手伝いさせてもらってます。その中で空き家のように、今までなら財産にならなかったものが生かされてゆく。それを発信できることが、僕らにとっても啓蒙になる。皆さんに喜んでいただいて、本当にありがたいです。

てつじ　和田さんがずっと言ってますけど、日本の空き家問題ってとんでもないんでしょう。

和田　今で849万戸あると言われています。約7軒に1軒ですかね。2030年には約2千万戸、3軒に1軒が空き家になると言われています。

てつじ　どうするんですか。

和田　それこそ、サードプレイスのような使い方を増やしていくのが問題解決になる。あとはコロナによって田舎に目が向いたことが、空き家問題解決の後押しになっています。今までの考え方だと、どちらかというと人口が増えないと無理じゃないですか。人増やすってなると移住者もそうですし、外国の方を受け入れることも考えないといけません。

てつじ　数字の上で増やすっ

ていうね。

和田　あとは使い方。1人が家を2軒持つかもしれないし、誰かに貸す場所になるかもしれない。例えば「家をカフェにする」のように、住むだけでない使い方をされていくっていうのがおそらく活用かなと。

てつじ　和田さんといろいろやらせていただいて、「住む」という人口だけでなく「関係人口を作る」というのが大事やって教わったんです。僕が「綾部」って言い続けることで「てつじが『綾部』って言ってたから、1回行ってみようかな」って思い出してもらうことで、関係人口が増えていく。将来移住する人も増えるから、こういうの大事やなと思いましたね。

過程を楽しみ スキルを活かせる場所

和田　「アヤベダファミリア作りましょう」ってなったとき、まず解体やったじゃないですか。あのとき、地元の人だけでなく、てつじさんのファンの方や大阪からもみんな来てくださいましたよね。

てつじ　日本酒造りを通して「日常がフェスになる」ってわかったんです。「解体できる経験」なんて、どこにも売ってないじゃないですか。

和田　解体のイベントしたり、キッチンや囲炉裏を協賛で入れてもらったり。イベントで、それをただ入れるだけとか商品をドンと置くだけじゃなく、みんなで一緒に手伝いました

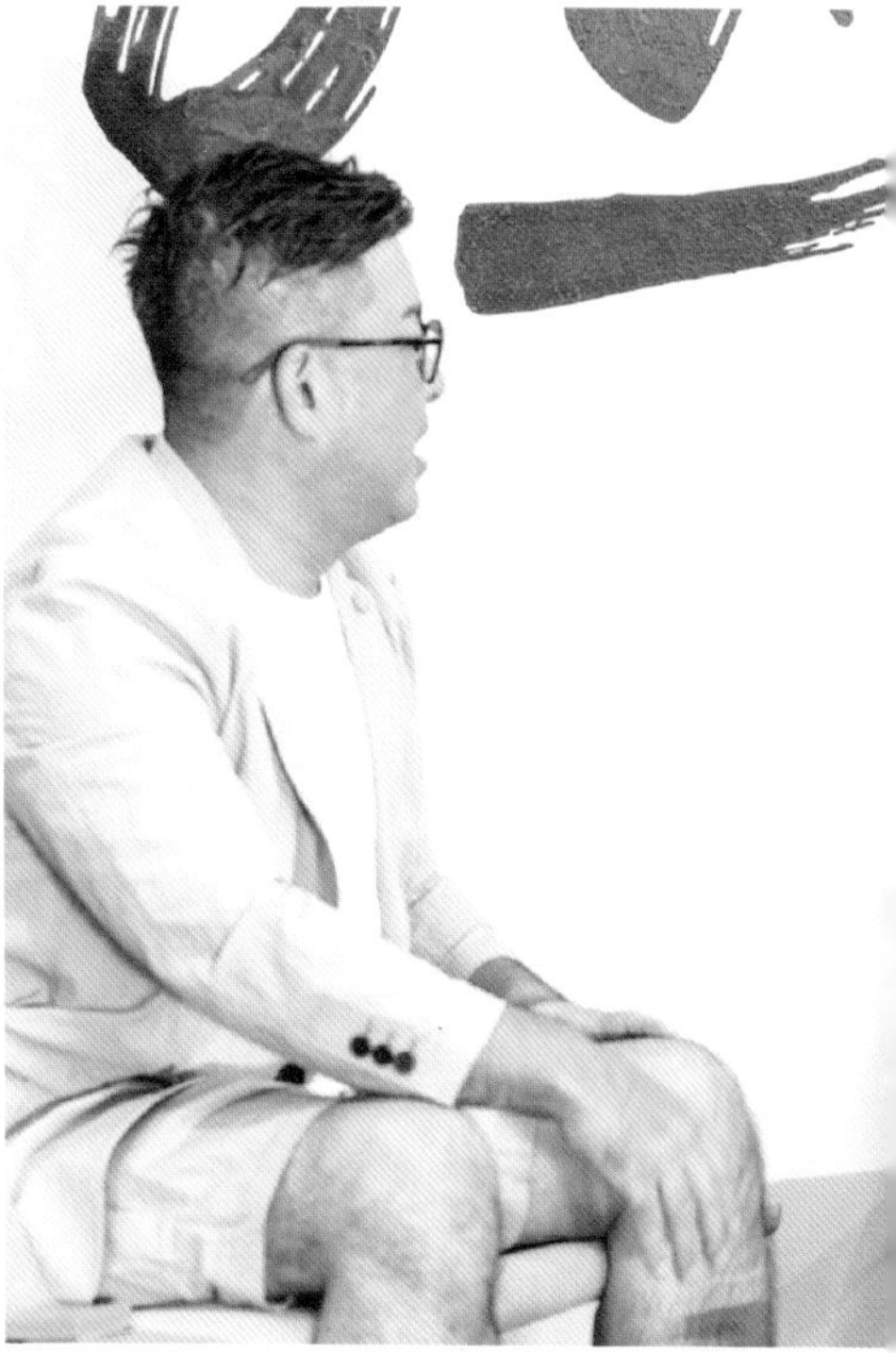

よね。あそこに…金額言うていいですか。

てつじ　はい。家が１００万円で、キッチンが１３０万円です。

和田　そうそう、キッチンの方が高い。

てつじ　キッチンの搬入も、今までやったら施工業者さんが誰もおらんとこで、もくもくとやってたんです。そのすごい技術を、みんなに見てもらいました。

和田　それも、職人さんは喜んでると思います。それが本質的なところの関係人口だと思うんです。関係人口を作るってところでいうと、一発だけのイベントではなくて、少なくてもいいんですけど、何回もてつじ亭でイベントがあることによって、そこに行く機会を何回も作ってもらってるんですよね。もう一つ僕が大事だと思ってるのは、ここに地域の人も参加するじゃないですか。近所の人が集まってきて、そこに交流が生まれるのが、めちゃくちゃいいなと思ってるんですよ。その人たちがつながることで関係人口になって、今度は勝手に行き始めるじゃないですか。

てつじ　それがうれしいんですよね。

和田　実際、始まってますもんね。

てつじ　「家、使わせていただいていいですか？」って聞かれて、ヨガをやったりしてるんです。一番びっくりしたのはオペラのコンサート。めっちゃびっくりしました。近所の方が手伝ってイベントスペースにしてくださってて。こうして僕の知らんところで自由にやっていただいたら、やってた甲斐あるなって。
和田　あそこの場所作りが、僕の思ってたようになっていってるなって。てつじさんから離れていって、どんどん勝手に面白くなっていくような。
てつじ　半年ぶりに行ったら、えらいことなってるんでも全然いいんですよ。将棋大会もさせてもらってよかったなと思ったんです。あそこって一応、僕の家じゃないですか。いい意味で、ですよ。家入るときに、僕に誰も何のあいさつもなく「お邪魔します」もなくみんな入ってるの見て「あ、いい家やな」って。
和田　そうですよ。勝手にずかずか入ってヨギボーにバーっと座って。
てつじ　そういう、気兼ねなく入れる雰囲気になってんねんなって思ったんです。
和田　てつじ亭を中心として、周りに集まる人の中でも新しい円が増えてきて。新たな課題ができて、その周りの人が解決するお手伝いする。波紋が広がるような感じですね。
てつじ　みんながベンチでスタンバイして「いつでも出ます」っていうイメージなんです。僕がベンチでうずうずしている人に「何かスキルを活かせる場所を作っていかな」って。僕の仕事はそっちやなって思うんですよ。
和田　完全に監督ですね。
てつじ　いやぁ、監督ではないですけど、それが楽しいんですよ。

これからのアヤベダファミリア(てつじ亭)

和田　今回、てつじさんといろいろやらせていただいて、アヤベダファミリア（てつじ亭）は、みなさんに助けていただいて、今は小屋を改造してますね。あの小屋は今後、どういうイメージで動いていってるんですか。
てつじ　空き家活用とか日本酒を造る前に、クラファンでラーメン鉢作ったんです。そのとき、ラーメン鉢のデザインで関わってくれたのが、シルクスクリーンをやってる村上周さんです。村上さんと一緒に空き家でシルクスクリーンイベントやったときに、子どもがめちゃめちゃ食いついたんですよ。「こんなおもろいアート活動あるんや」って思ったんです。だからあの納屋を、いつでもワークショップできる場所にしたいなって思って。シルクスクリーンって、捨てるものにデザインができるんです。例えば「捨てようかな」って考えてたTシャツにシルクスクリーンでデザインすることで「また明日着てみよう」ってなる。「世の中にゴミなんてない」というのをテーマでやってます。綾部が蚕の町やったので【シルクの町からシルクスクリーンの町へ】になったらいいなって。

和田　じゃあ、小屋はシルクスクリーンとかいろいろできる場所にしていきたいということですね。

てつじ　そうですね。家も一人一戸でなくて、何戸あってもいいじゃないですか。夢も一つの夢を叶えるんじゃなくて、いっぱいあったらいいんですよ。

和田　やりたいことやったらいいんですよ。こんな時代。

てつじ　ほんまにやりたいことやって、飽きたら一回辞めて、ちがう夢叶えてたら、こっちの夢のおかげでこっちが生かせたってなる。「夢、なんでもどうぞ」みたいな感じで。「ここに人が集まってるから、一回綾部に行ってみようか」って来てもらったらいいんですよ。

和田　てつじ亭に来てもらうと、いろいろなイベントありますしね。

てつじ　別にぼーっと座ってても、文句言う人もいませんし。自分のやりたいことがあるんやったら「僕こういうことやってるんです」って言ったらよくて、そういう人を探してる人がいると思うんですよ。

和田　そうやってみんなつながっていきますよね。

二人がたどりついた空き家問題の答え

てつじ　結局、場所なんか関係ないんやなって。人口が増えたとか減ったとかじゃなしに、関係人口さえどんどん増やしていったら、それでええんちゃうかなって。

和田　本当にそう思います。人取り合戦してもしょうがないですもんね。

てつじ　そうそう。ここに増えたってことは違うところが減ったってことやから。

和田　「経済的豊かさ」がすべてやないと思うんです。地域に今お住まいの方が気持ちよく楽しく住めることも大切にしながら、いろんな人が来てコミュニケーションとりながら生活が豊かになっていくのがいい。人口っていうのは、別に漠然と増えなくてもよくて、今を継続させる、もしくは関係人口で中和させていくみたいなことができたらいいんじゃないかって。だから本質的なコミュニティを作って、みんなが楽しめる場所にしていく。今回てつじさんに空き家を購入していただいて、綾部でやってきた3年間で「こういうのがもっと出来たらいいな」っていう一つの答えのようなものが見えてきた感じですね。

てつじ　そうですね。「絶対ゴールを決めない」っていう。

和田　そういう考え方とやり方で「空き家」という普通の民家だったものが大きく変わっていってますね。

てつじ　さっき、空き家が849万戸という話がありましたよね。逆に言ったら、自分がやりたい場所、やりたい夢がかなう場所がそれだけあるっていうことです。もし日本に空き家が1軒しかないんやったら、みんなで取り合いになるじゃないですか。けど「夢叶う場所が849万戸あるんですよ」っていう発想になったら空き家問題って解決するんじゃないかなって。

和田　すばらしい、ほんとそうですね。それはてつじさんが実証してくれてますし、他の芸人さんもやっていただいてますし。自分の夢があって、やってみたいことが達成できる場所になっているっていうのは誰でもできますよっていうことですもんね。

てつじ　みなさんでやったら、日本全国の空き家が「夢叶う場所」になると思います。

和田　いやぁ、出ました。

てつじ　出ました。空き家は夢叶える場所。

和田　そうだ！最後にこの話を。てつじ亭はクラファン神社にね。

てつじ　そうそう、最終的には神社になったらいいなって思ってます。僕たちが死んだとしても、僕とか和田さんが神様となってみんなが崇めてくれたらいいなって。ほんな

ら僕は不老不死を得たっていうことになる。みんなの中で生きているって最高ですね。

和田　あっという間の1時間、ありがとうございました。これからもずっとお願いします。

てつじ　楽しかったです。活動を伝えられてよかったです。ゴールがないので、きっと死んでからも誰かがやってると思います。

和田　僕も多分死ぬまでやってるんで。皆さんもぜひ、てつじさんのやってる活動を見ていただきながら空き家を使って夢を叶えていってください。今日はどうもありがとうございました。

てつじ　ありがとうございました。

（文・佐々木桂）

かつお節の奥深い世界

山北　今年九十年を迎えます。日本で一番古い業務用のかつお節削り機の専門メーカーで、私が三代目の代表取締役を務めさせていただいております。

てつじ　よろしくお願いいたします。「かつお節」で「だしをとる」というつながりで、いろんなグルメの美味しいお店を教えていただいてました。かつお節を削る機械のオーナーさんということで、面白いところに目をつけましたね。

山北　そうですね。生まれたときからの家業で、僕も小っちゃいときは友達から「かつお節屋」だとまちがえられてました。祖父がかつお節を削る機械を開発しまして、父が二代目、私が三代目です。昭和八年創業なので、戦前ですね。戦前、戦時中はお米がない時

エムズネット ヤマキタ 山北 教浩 × シャンプーハット てつじ

SPECIAL CONVERSATION

代の保存食として重宝されてました。日本がいろんな国を占領していった先で、かつお節工場を作っていったんです。
てつじ　そうやったんですか！雇用を生んでいってたわけですか。
山北　ええ。あとは食べ物ですね。海でカツオが取れるし、そこで乾燥させ、保存食にするといった形で使われてたんですよ。戦時中も戦後も、日本近海ではカツオがものすごくとれたので、かつお節産業はものすごく発展したんです。当時、うちの祖父も全国でたくさんの機械を入れさせていただきました。でも今は斜陽産業で、かつお節業界もどんどん悪くなっているんです。僕は若いときに全然違うお仕事をしてまして、八年前にこの家業に入りました。機械のこともかつお節のことも、何にもわからん状態で入って、ひたすら削ってたんですよ。
てつじ　持っている機械で削ってたってことですね。
山北　どの食べ方が一番美味しいんかなって。かつお節の種類もいろいろなので、味や厚みの違いをいろいろ試したわけです。そんなときに、僕の近しい友達で「かつお節嫌いやねん」っていう人に出会いました。日本人のDNAって基本的に「だし文化」なので、かつお節の味が嫌いなわけないんですよ。よく聞いてみると、みんなスーパーでしかかつお節って買えないんです。200円から300円ぐらいで売ってる「あれ」しか食べられないんですよ。
てつじ　僕も、かつお節って基本そうやと思ってました。かつお節って身近やからよく知ってるけれど、作り方とか、

売られてるようなかつお節になるまでの過程を知らんままで「あの出汁うまいな」「やっぱり一番だし最高や」って言ってました。
山北　それしか買えないですからね、売ってないので。友達に、かつお節の何が嫌いか聞いてみたんです。「食べてすぐ味がせえへんようなって、絞りかすみたいなんが舌に残る。それを飲み込む瞬間がめちゃくちゃ嫌い」って言われたんですよ。で、これはこれはちょっとあかんなと。
てつじ　かつお節削り機のメーカーやのに、かつお節のことを伝えきれていない、と。
山北　ええ。「これが一般的な人の意見なんやな」「このまま放置してたらあかんわ」と思ったんです。味はオッケーだった。「味が広がって、溶けてなくなるなら嫌いじゃないよね」っていうところに行きついたんです。そこからですよ。今までうちの父が作っていた機械では、みんなが「嫌い」っていう薄さしかできていないんやなと。今、市販で売ってるのが0．03ミリから0．04ミリです。当時の機械は、その薄さにしか削れなかったんです。
てつじ　削れなかったっていうか、それ以上削る必要がなかったんですよね。「それがかつお節や」と思ったから、その先に行く必要がなかった。
山北　ええ、しかしここで「嫌いな人がおる」っていう事実に出会ったわけです。このまま放置しとかれへん。「かつお節ってどうやって作られてるんや」って勉強したんです。
てつじ　当時はかつお節がどうやって作ってるかわからんけど、仕入れてたってことですか。
山北　市販で売られてるかつお節の作り方なら、ある程度は知っていたんですけどね。「なぜあの薄さであの味になるのか」を調べたんですよ。かつお節って世界で一番硬い食べ物なんですよね。六か月かけて、旨味をぎゅっと凝縮して作ってるんです。だから、このまま削って食べるのが一番美味しい。でも、うちの親父の技術が足らなかったから、世界一硬い食べ物を何もせずそのまま機械にほうり込んだら、全部粉になるんです。

てつじ　よくテレビとかで見るようなヒラヒラにならへんのですか。
山北　ならないんですよ。ですから、このかつお節を一回蒸して。
てつじ　わざわざ固くなったのを柔らかくしてたんですか。
山北　水分量を十五％まで縮めてるのにも関わらず「これ以上削られへんから」と、もう一回水分を入れて柔らかくしてるんです。これによって、旨味がドリップとして出る。だから、まずくなる。当時はそれしかなかったんです。メーカーの方が精魂込めて六か月かけて、最後の三％を絞り出してるのに、また水分を何十％かに戻して削ってたんです。しかも、「あったかくなる」「削る」まできたら、すぐに窒素ガスを充填しなければならない。水分が入りすぎてるから、

カビが生えるんです。だからちょっと冷まさなあかん。

てつじ　むちゃくちゃやな。

山北　むちゃくちゃです。本来「かつお節は削ってから三十分」が食べる目安なんですけど。冷ますために一時間以上放置し、そこから窒素ガスを入れるので、四段階ぐらいまずくなったものしか世の中には出回っていないんです。

てつじ　わかりやすく言ったら、アジアで獲れたバナナの皮を一回全部むいて、ちょっと放置してから船で持ってきて、そのままの状態でスーパーに置いてるってこと。

山北　その真っ黒けになったやつをね。で「これがバナナやで」って言うて、みんな食べさせられてる感じですかね、極端な話。

てつじ　けど、「世界一硬い、水分量を十五％まで絞っている」食べ物を、当時の人はどうやって食べていたんですか。

山北　昔、機械ができるまではかんなの削り器を使っていました。かんなで削ることはできます。粉は出ちゃいますが。あれは美味しいです。口の中で溶けることはないけど、美味いんです。

てつじ　けど、そんなこと工場でやってられないですね。だから商売やし、全部をヒラヒラにしたいから湿らせてたんですね。

山北　そうです。削りやすくしないと、花が出ないので。「僕がいつも食べている、この美味しいかつお節を知ってる人はいないんだ」と初めて知りました。カチカチの世界一硬い本かつお節を、カチカチのまま機械にほうり込んで、粉を出さんと削れる機械を開発せなあかんっていうところから開発に入りました。

生かすも殺すも「間」

てつじ　山北さんがすごいのは、その『伝える力』！山北さんと出会って一番影響を受けたのが、この「ちゃんと知る」「伝える」ことの大切さなんですよ。開発までする人は多いんですよ、このままじゃあか

んって。けど、結局は「伝える力」が大事なんです。料理人も、技術がめちゃめちゃあるのに最後の「伝える力」がちょっと弱かったりする。だから山北さんと出会って、伝える力ってめっちゃ大事やなと思ったんです。

山北　これができたときに、一番うれしかったのは僕なんですよ。だから「聞いて聞いて」をめちゃくちゃ言いたかった。ここの工場にも今、ミシュランの日本料理店さんが来られてまして、「おだしをとる前のかつお節はどこのものが一番美味しいんですか」っていう質問をされるんです。かつお節を作ってるメーカーさんは、例えば、鹿児島の枕崎とか指宿。あとは静岡県の清水とか焼津。高知にもありますし、三重県や熊本県にもあります。日本全国、いろんな方式で作ってるとこっていっぱいあるんですよ。原料作ってる人はみんな「俺が作るこれは最高やねん」って思って作ってはるわけです。「俺、最高やねん」と思って作ってる人と、これを料理にする人。この「間」に、何かしらの過程がある食材ってすごく珍しい。本来は、切ったり焼いたりしたらすぐ食材になるものがほとんどなんですけど、かつお節だけはこのままですぐには使えないんですよ。こいつは「一回削る」という工程が入らないと、料理には使えないんです。

てつじ　「こうやって削ったら美味しく食べれる」ということを伝えていないんですよね。

山北　ええ。削り方にもいろいろあるんです。例えば、僕がお伝えしたような「前処理」「削る方法」「厚み」「削ってからの時間」。これらをやるのが僕やなと思ったんです。
てつじ　もうまさに「間」ですよ。
山北　聞かれたことに嘘をついたらあかん立場やと思ってるんです。「かつお節で一番美味しいのはどれですか」っていうシンプルな質問に対して、僕がいろんなことを検証して伝えないといけないから。僕がいっぱい知らないといけないと思っています。
てつじ　この「間」の削り方で変わるんですよね。
山北　本当に、もうすごい変わるんです。
てつじ　生かすも殺すも「間」やと。だからこそ、「間」を間違えたら両方に失礼なんですよね。
山北　本当にそうです。めちゃくちゃいい原料でも、まずくする方法はなんぼでもあるんですよ。
てつじ　作ってる人は、まさかそんな「間」を通ってるとは知らない。
山北　知らないでしょうね。その過程がこのやり方でいいのかなんてことも知りません。まずくしてるなんてことは、全然知らないんです。
てつじ　エンドユーザーの方も、どうなってるか全くわからないですよね。だからこそ大事なのが「伝える力」ですね。
山北　本当にそうです。長年料理をされてきて、名声を得ている方でも「ものすごい勉強になった」って言っていただいてます。ここで「初めて知った」っていう方がいらっしゃるんですよね。
てつじ　「間」が抜けてたんですね。結局、〇〇産しか知識がない。「地名=最高」ってことしか言ってないってことでしょう。大事な間の削り方には触れていない。
山北　一番大事なのは、ほんまそこなんです。もちろん、原料の作り方とか釣り方、一本釣りか巻網か、その違いももちろん大事です。どんなにいい原料でも、削り方ひとつでまずくする方法はなんぼでもあるんです。
てつじ　料理人からしたら、今までは削り終わっているものが送られてきていた。「間」を抜いた状態で送られてきたから、過程を知らなかった。そうではなく、最高の「間」をお届けしたいと考えているのが、この機械なんですよね。何ミリで削れるようにしたんですか？
山北　0．01ミリです。
てつじ　すごい！「間」の答えは薄さやったんですか？
山北　「薄さ」がわかりやす

かったんです。「0.01ミリ」と言ってますけど、実はそのさらに十分の一まで薄く削れる。「0.001」が可能なんです。だけど、それで削って食べても、味はわかんないんです。薄すぎて、舌の上に乗せると広がる。次の瞬間には溶けるんですけど、何の味かちょっとわかりづらい。味の広がりと口の中の溶ける食感がベースやろうなと思ったので、あえてこの設定で出しました。

てつじ　うわー……。最初の話に戻ると、くちゃくちゃになる原因が「薄さ」やとたどり着いたわけですね。

山北　「薄さ」と「前処理の段階を入れるかどうか」です。水分入れちゃってると余計に溶けにくいんですよ。

てつじ　機械が完成したときは、どう思われました。

山北　「100%売れる！」と思いましたね。「かつお節」界の革命やと思いました。

最高峰とは何かを常に考える

山北　最初は近しい人から食べてもらってました。食べた人みんなが、すごく感動してくれたんです。それが五人から十人、二十人、五十人と増えていって、そのときに確信したんです。これは間違いないって。

てつじ　味以上に「本物を知った」という喜びがみんなに広がっていったと思うんです。今までは「食べられるようにするための工夫がこうやった」

ってだけで。人生においてですか。「選択」って大事じゃないですか。与えられてなされるがまま、与えられていく人生ほどつまんないもんはない。目の前に二種類のかつお節があって「今日はこっちで行こう」って、理由を知って選べるのが人生の豊かさやと思うんです。

山北　まさにその通りですよね。うちにお越しいただく料理人の方に、必ず説明するんです。うちの機械がなくても飲食店は経営できる。僕も以前飲食店を経営していたので、それはよくわかっています、と。この機械がなくても、飲食店はこれまで何十年と成立してきたわけですから。てつじさんが言われたように「どれが最高か」って言われたら「これです」って胸を張って言えます。けど、絶対にこれを使わなあかんのかっていうわけではない。「これが最高だ」ということを知った上で、チョイスしていただければいい。本当に、それだけなんです。

てつじ　豊かさの中の、さらに奥深い知識ですね。

山北　僕はかつお節に限らず、何に対してもそう考えていています。「この食材の最高峰って一体どれなのか」と。お値段に

合ったお料理もあるじゃないですか。食材が高かったら、値段も高くなります。だから「この値段でこの味出してるの？」みたいなところに出会うと嬉しい。「すげえな、この人」って思うんですよ。

てつじ　グルメ番組だと「この食材が最高や」が多いんですけど。僕は山北さんのおか

げで「その食材をどう使ったか」っていう「間」の方が大切やでってことを楽しむようになったんです。
山北　うちの機械を使っていただいてるお店も、たくさん増えました。お店それぞれで出されるおだしの味も、全部違いますからね。
てつじ　ほほーーー！まさに今、料理の「間」を楽しんでるんですね。

「ちゃんと伝える」ということ

山北　過程のこだわりって、嘘をついていないことが多いんですよね。僕らが使うかつお節は、世界一硬いと言われる本枯れ節（ほんかれぶし）です。これは作るのに六か月かかる。でも、皆さんがよくスーパーで見るのは、ほとんどが「荒節（あらぶし）」というものです。荒節ってほとんど機械だけでできちゃうんです。製造工程も一か月から一か月半、長くても二か月ぐらいで作れます。
てつじ　強制的に乾燥させるような過程ですか。
山北　そうですね。乾燥させるお部屋で「燻す（いぶす）」んです。燻製を作るようなでっかい部屋で薪をくべて、一か月から一か月半ぐらいかけます。そういう工程で水分量を十八％ぐらいまで下げたものを『荒節』と言います。スーパーで売ってるものは、この『荒節』を削ったやつですね。
てつじ　だから削りやすいんですね。さっき言ったみたいに、本枯れ節みたいにわざわざふやかさんでもいい、と。
山北　それでも蒸してます。JAS規格の工程表で、削り節を作る工程に「蒸す」が入ってるんですよ。何のために「蒸す」工程が入ってるのかというと、「殺菌のため」なんです。作ってる人はみんな「このまま削るのが美味しい」って言うんです。それなのに、なぜ「蒸す」過程が入るのか。スーパーで売ってる商品は、十四枚から十六枚の刃がついた大型機で削るんです。機械に刃を装着したら、できる限り長く使いたい。一回バーンって動かして、一日十八時間連続で動かせたら効率がいいでしょう。となると、柔らかい方がいい

んですよ、刃に負担をかけないので。このルールは、大手で一番効率よくかつお節ができる方法に沿って作られたルールなんで、蒸しの工程が入ってるんです。

てつじ　「同じ値段で大量に作る」というのも正義ですからね。そうじゃないと、一般の人の元に届けることが難しくなる。

山北　それに昔は、かつお節の中に釣り針とか石とかが含まれてて、それを取り除く必要があったんです。そのまま機械に入れると、歯が欠けてしまうこともある。蒸して柔らかくして、先にそれを洗いにかけて落としたいという意味合いもありました。

てつじ　かつお節でも、こういう方法で作られたものもあると知って選ぶのが大事っていうことですね。

山北　そうですね。それと比べて、本枯れ節は六か月かかる。荒節は大体一か月から一か月半ぐらい、ほとんど機械とかでできる。期間の差だけでも、四倍から六倍あります。じゃあ、値段もそれくらいの差になってるのかっていうと、なってない。六か月後にしかお金が入ってけえへんのって、ちょっと不安じゃないですか。結局次の二代目、三代目、四代目が大変になるんです。これ作る人って、最後のカビ付けと天日干しが３６５日、天気見ながらで休めないんですよ。荒節は部屋にほうり込んで人任せにしていても、温度管理していたらできる。それを見た他の人たちも「荒節にするわ」って変わっていくんですよね。

てつじ　これがものの価値ですよね。それもやっぱり伝わってほしいな。

山北　日本料理は、世界遺産なんです。これがなくなると、世界遺産である「日本の味」ができなくなるんですよ。だから、なくしたらダメなんです。
てつじ　同じ値段で同じもんが買えるっていうのも、もちろん正義やとは思うんです。でも、過程の価値がわかれば、これまでは本枯れ節の値段見て「高い！」ってなってた人も、そこに至るまでの間を知ってることで「めちゃめちゃ安いな」って変わるんですよ。
山北　そうなんです。ただ、作り手さんも、そこで勝負するのはやっぱりハードルが高い。「そんな高い値段で買うてくれる人がおるんかな」ってなるから、原料の値段が高く上がると「やっぱり手を出せない」っていうことが起こってくるわけです。
てつじ　ここで大事なのが山北さんの「伝える力」ですよ。正しい伝わり方したら「人に伝えよう」ってなりますから。「点が線になる」ってこのことなんやなって思ったんです。「これがかつお節やで」っていうのをどんどん伝えていってるのを見て「僕もめげずに伝えなきゃ」って思って、「日本酒ってこうやねん」って言ってるんです。ほんま素晴らしい。
山北　ありがとうございます。これ、本当に変えなあかんですよ。
てつじ　最終的には料理人や最後のエンドユーザーである食べる側が、その過程の価値を理解して、お金を払う。
山北　そうです。だから、僕もお取引先のミシュランのシェフをお連れして産地まで行くわけですよ。かつお節を作ってる工程も見てほしいと。人を使って、手間をかけて、これでやってる。で、この値段です。これを変えていきましょう、と。本当に残さないといけないものってやっぱりあると思ってます。ちゃんとした伝え方をしてないから、皆さんが知らない。知らないからこそ、その次の世代の子がやる気をなくしたり、「そんな難しいことやらんでええやん」ってなってしまう。こうして辞めていくのは不幸やなって思うんです。僕もてつじさんのやっている日本酒を見て「へえ、そうなってるんだ」と思いますもん。やっぱり知りたいんでしょうね。

てつじ　人って「一番はどれ」とか「うまい」「まずい」のようなわかりやすい表現でしか食いつかへんところがある。けど、そうじゃないんですよ。僕も日本酒の企画で大事にしてるのがいわゆる「プロセス」。お笑いも「間」が大事なんですよ。『間』を通した過程、それがこの日本酒なんですよ」ってなったら、比べるところが「おいしい」「まずい」じゃなくなるんです。人生も全部「間」じゃないですか。

僕は間を楽しむ人生を過ごしたい。死ぬまでの「間」やから、そんなすぐに答えを出さなくてもいいと思ってるんです。まさにそれを確信したのが、このかつお節削り機なんですよ。

山北　もう……嬉しいです。僕はかつお節についてここまで語るので、「変態」やと思ってるんです。みんなに受け入れてもらうのは難しいでしょうけど、分かってくれる人にはフルでお伝えしたいんですよ。

てつじ　今日、改めて「間」「プロセス」が大切やということを教えていただきました。今後とも、人生の「間」を楽しみましょう。

山北　よろしくお願いします。

（文・鳥飼アミカ）

おいしい
ごはんと、
うまい酒。

北海道放牧豚
究極の出汁しゃぶしゃぶ
1人前 2,600円

ジャーナリストと芸人の「伝える」

てつじ　今日は、立岩さんのジャーナリストとしての人生観をお聞きしたいな、と思っています。こんなにもしゃべってもらえるジャーナリストというのは立岩さんが初めてで、ジャーナリストという職業もそうですけど「立岩陽一郎」という人にめちゃ惹かれているので、いろいろ話を聞きたいなあと思って。僕が言うのもあれですが、ジャーナリストと芸人って「伝える」という部分で共通部分があるなと思ったんです。

立岩　そうですね。

てつじ　芸能人は最終的に「笑ってほしい」という伝え方ですが、立岩さんはたぶん「真実」を伝えるというものだと

ジャーナリスト　立岩 陽一郎

SPECIAL × CONVERSATION

シャンプーハット　てつじ

思うんです。伝える職業をしてみてどうですか。

立岩　まさに今てつじさんがおっしゃったように「笑い」を伝えることと同じですよね。「事実」かどうかは別として、調べたことを「伝える」わけです。今ご一緒させてもらっている番組もそうなんですが、従来のジャーナリズムは失敗したと思うんです。ある意味、カッコつけすぎた。「調べたものはすごいんだ」と。「だから君たちは、私が調べたすごいことを聞かなきゃいけないんだ」「聞かない君たちは損なんだ」これが従来のジャーナリズム。お笑いもそういう時期があったと思うんです。

てつじ　「俺がやっていることが面白いから、それが伝わらない人は今の笑いわかってないよ」という、それが若さゆえなのか、そのときの考え方なのかはわかんないですが、僕もそれに近いものがありました。伝え方は、今と昔では全然違いますね。

立岩　どっちがいいとも思わない。わかんないですけど、それだと伝わらないと思うんですね。僕も、てつじさんたちとやりながら「どう伝えたらいいか」考えています。たとえば、いじられながらでも伝わるものがあるかもしれない。どこかに笑いがあったり涙があったり、そういうものがないとたぶん伝わらないと思うんです。なんか「俺が調べてきたことを〜」というものではない。

てつじ　お笑いを２０年以上やってて思うんです。同じ話でも面白い人と面白くない人がいてる。誰が伝えたかで、人の印象変わるんやなと思ったんです。２０年以上やっている僕の人となりをみんなが知ってるからこの話が伝わるし、伝わりやすいんやなと。立岩さんも「立岩陽一郎」というひとりの人物像が、テレビの前の人に伝わっているから、強く伝えなくても伝わるんやなと僕は解釈してます。

立岩　そこで言うと、やっぱり自分だけでもなかなか伝わらないですよ、現実には。僕はまだ番組の面白さをそんなにうまく伝える立場になっていないけど、できれば自分がえらそうなことを言うよりは、いろんな人とのやりとりの中で「伝える」こと。例えば、えらい先生が来たらなにもその人と対抗する必要はないですよね。

てつじ　ないない。

立岩　だから、当然こっちが下手に出るし、聞き手に回る。そういうテレビメディアの面白さみたいなものがうまく出ればいいですよね。何が言いたいかというと、てつじさんがおっしゃった「お笑い」と僕がやってるような仕事は、実はそんなに違いがない。むしろかなり近いですよね。ただ、明らかに違うのは、僕には瞬発力がないんですよ。てつじさんがよく「なんで否定しないんですか」って言うじゃないですか。あれはね、瞬発力がないと否定ってできないんですよ。笑って待つとか……。

てつじ　時が過ぎるのを待つ。

立岩　そこは面白い。でもそういうもんかなあと思ってやっていますが。

テレビがジャーナリストに求めるもの

立岩　テレビにはいろんな人が出ていますよね。テレビに出ていて戸惑うのは、過程がどこまで伝えられているんだろうか、ということ。ほとんど伝えられていないんじゃないかと思うんです。よく「一刀両断に怒ってください」っていう話になるじゃないですか。あれはどうなんだろう。テレビ局は未だにやってるけど、たぶん視聴者は見飽きてますよ。たとえば、先生みたいな方が出てくるじゃないですか。あれで盛り上がっているのはテレビ局だけですよ。多分、視聴者は「この人が全部知ってるわけないじゃない」と思って見てると思うんです。てつじさんが言ってるように、失敗も含めたこの人ならではの言葉が発信できているかどうかを、実際は問われている。だけど、テレビ局はやっぱり安全牌で行くんですよね。

てつじ　そうですね。その短い時間の中で結果だけを求めているので。

立岩　きれいにうまくまとまっているものが必要になるから。テレビ局の人だって本当はわかってるんだけど、まだパラダイムが変われない。僕は言われた通り「はいはいやりますよ」と言ってるけど、「もっとそこを出すべきですよね」と僕は思うんです。だからときどき、一緒にやってる番組でも断ることがあるんです。「これは言えない」と。

てつじ　はいはい。

立岩　で「それを調べた記者が出ればいいじゃないですか」って言って、出てもらったりするわけです。いきなり出てきて一刀両断にカッコいいこと言うっていうのは、たぶん視聴者は見透かしてますよ。

てつじ　答えを求めてないニュースってあるじゃないですか。「現状こうです！」っていうスクープとか。そこに「答えはこうですよね」って言われると冷めるんですよ。「それぞれの考えがある」というのを聴きたいと思っているんです。ジャーナリストの最終系って、調べた上で「こう思います」っていうものだと思うんです。立岩さんは間の過程があった上で「僕はこう思います」という感じなんで、尊敬してるんです。

立岩　今テレビに出ている有名な方々の責任が重いと思う

のは「ジャーナリスト」という言葉の概念が変わっちゃったからなんです。「ジャーナリスト」とは、ものを知っている人ではない。まさにてつじさんが言ってるそのままなんですけど、ジャーナリストとは「知らない人」。知らない人がこれを調べていくからジャーナリストなんです。

てつじ　本来は「間」を、「プロセス」を伝えるんですよね。

立岩　それが「ジャーナリスト」のはずなのに。

てつじ　いつからか答えを求めるようになったんですよね。

立岩　しかも「私、何でも知ってます」っていうようになっちゃったんです。本当はそうじゃない。「私も知らないから、調べてみましょう」っていうのが本来のジャーナリストなのに「全部知ってなきゃいけない」みたいになっている。そんなことあるわけないじゃないですか。神様じゃあるまいし。

てつじ　めっちゃわかります。芸人さんなんて「ここでお笑いお願いします」って言われても、「間の過程とか抜きにそれはないですよ」というお話と一緒ですよね。

立岩　メディアが視聴者の意識に追いついていないんです。ラジオは気がついてるから、もっと地を出してもいける。「そうは言いますけど、本当はこうでしょ！」って言える。テレビもそこまで振り切れば面白いのにね。お笑い番組はそっちに振り切ったじゃないですか。用意したネタだけじゃない部分を見せている。情報番組もそうならないといけないんじゃないかと思いますけ

どね。たぶん見てる人はわかってる。やっぱり、本音とか本質が問われてくると思うんですよ。私も言われるまで言葉では考えてなかったけど、てつじさんの言う「過程が大事だ」というのは、きれいごとでなく本当にそうなってきている。
てつじ　大事というか、過程を楽しむのが一番いいかなあと思うんですよ。

過程を知ると見えてくるもの

てつじ　40代後半になったら、「評価されたい」という気持ちがなくなってきたんですよ。20代30代って、何かやってきたことに対して「評価されたい。結果だ評価だ」って言うんですけど、今は結果なんてどうでもいいなって。それよりも間の、ほんまにプロセスだけを見てほしいんです。「一緒に体験してほしい」というだけやから、評価もなくなりました。成功か失敗か、売上やお金とか数値とかね。
立岩　賞だったり。
てつじ　ええ、賞だったり。

そこにも興味がない。だからお金に関してはいくら稼ぐかというよりも「何に使ったか」にしか興味がないんです。お金なんて、使って初めて価値が出るんで。僕は「この人、どういうことにお金を使ってるんだろう」ということでしか人を見てないです。
立岩　ご自分の中にある「理想」で、こういう使い方がいいとかあるんですか。
てつじ　理想は、人のために使っている人にお金を渡したいなと思うんです。クラファンって面白い世界でね。ここで「プロセスをお金に変えて売る」っていうのをやってるんですよ。「田植えとか稲刈りに来てもらってるんですよ」って言ってるんですけど、お金払ってみんな来てるんです。これどう思いますか。本来なら僕がお金を払うところを、田植えしたい人に「千円払ってください」って言ってるんです。

立岩　なるほど、参加する人が参加費を払ってるわけですね。

てつじ　わざわざお金払って、労働しに来てるんですよ。これこそ、やってみて分かったんです。「世の中ってプロセスを全く売ってないんやな」って気づいたんですよ。

立岩　すごい発見ですよね。

てつじ　お米は売ってるけど、「お米を作る途中」はどこにも売ってないんですよ。

立岩　確かに。

てつじ　やっぱりみんな「体験」したいんです、人生一回やし。体験したからこそ「お米がおいしい」って感じることはみんなも知ってる。けど体験しないと、お米の価値は値段でしか判断できないんです。たとえば、5キロ一万円のお米と5キロ二千円のお米があったときに、同じ量やったら二千円のほうが得じゃないですか。だけど、プロセスを知っている人は「こんな苦労して作った5キロが一万円やったら安い！」って感じるんですよ。逆に「こんな簡単に作ったお米が二千円で売ってんの？」てなる。人生ってやっぱり、自分の時間・人生の時間をお金に変えて、何を買うのか、どうやってお金を回すのか、というのはすごい大事やと思うんです。やっぱり、お金をちゃんと使ってくれてる農家さんとか、そういう人が提供する価値に自分の時間を費やしたお金を払いたいんです。なんか変ですかねこの発想。

立岩　新しいっちゃ新しいですね。考えてみれば「お金を払ってでも得たい経験」っていうのはあるわけですよね。米の味も「本当に味を知りたければプロセスを知ろう」っていうのもありますよね。それで言うとね、僕は50才の時に本当の意味で自分の道を歩み始めたんです。それまではね、サラリーマンだからこっち行ったりあっち行ったりしてました。幅は非常に狭いですけど、その中であっちこっち行って迷うわけです。けど、50才になると迷うことってあんまりないんですよ。
てつじ　そうなんですか。
立岩　ある意味、先が見えてる。「あれもできる、これもできる」とはならないから、確実に「これができる」ってことをちゃんとしようって。50年間というのは、そのための「助走期間」だったと思うんです。私の勝手な想像ですけど、てつじさんもあと数年したときに、そこから新しいものが出てくる気がしますね。それが「過程を伝える」という新しいビジネスなのか「過程を体験する」というものが出てくる可能性もありますね。

50代に向けて

てつじ　40才を過ぎてきたら「これをしたら成功する」「これをしたら失敗する」って、なんとなくわかってきませんか。例えば、企画をやったときに「こういうことを言った方がいいかな」とかなんとなくわかるじゃないですか。
立岩　なんとなく。それが正解かどうかわからないけど。
てつじ　過去の経験から「こうした方がいい」しか選ばなくなったら、一回しかない人生が想像の範囲で終わるような気がしたんです。一回は「こうしたらどうなるんやろう」を選ぶ人生にしたいなと思って「米から日本酒を造る」をやってるんですよ。イメージとして、登ったことのない山に登ってみたいなって。低く

てもいい、ずっと曇っている山でもいいんです。その山に登る「途中」が大事なんです。途中をやっていくと想像もしてなかった人と出会えるし、想像もしてない結果になってくることがだんだんわかったんで、それに向けて50代もやっていきたいなと。

立岩　僕の場合はそうですね…てつじさんほどいろいろ考えているわけではないような気がします。

てつじ　そんなことないです。

立岩　やることがそれほど創造的じゃないんですよ。報道っていうのは、やること自体はある程度わかっていて、それを自分でどう調べるか、どうやって伝えるかというぐらいなんで。だから、その狭い範囲の中で「自分が何をやれるか」ということを考えています。その一つがね、「今」を見よう

と思ったことです。でも、「今」って見えないんですよ。

てつじ　ほう。

立岩　これは受け売りなんですが。我々はバックミラーを見ながら前に向かっている。そのバックミラーは何かというと「過去」なんです。だって「今」とか「未来」って誰も見てないわけです。過去を見ながら前に進むしかない。でも、過去のことをそんなに知ってるかというと知らない。だからバックミラーに写っているものは何だろうかと、過去をもっと知らないといけないと思い始めていて。「メディアの歴史というのを勉強しなきゃいけないな」と思ったから、「これは大学院行って勉強するしかないだろう」というんで受けてみたんですよ。50代っていうのは、そうやってやりながら進んでいくのかな、ぐらいの感覚ですね。

「伝える」ということ

てつじ　「テレビに出る」ってことは「伝える権利をもらってる」ってことだと思うんです。だから、それは大切にしたい。そのためには「自分はこういうもんですよ」ということを先に伝えないと、人には伝わらないんやろうな、というのだけ気にしてやってます。

立岩　僕は大学で若い学生にメディアを教えてるんですけど、やっぱりメディアは難しいって言うんですよ。やっぱり「俺、すごいよ」みたいな人いるじゃないですか。「すごいのは俺だけでいいんだ」みたいな。でも、これからメディアの世界に行く人は、全体の中で、今自分がこういうことやるんだ、ということを考えている。「それってカッコ悪い」って思う人もいるんですよ。「俺の世界だから」って。そういう自己意識はあってもいいんだけど、やっぱりメディアのチームワークなんでしょうね。だから個人でYouTubeやりたいなら、それでも全然いいんですけど、メディアの中で一緒にやるなら、どんなスーパースターだって輪を乱したらなかなか難しいですよね。

てつじ　「みんなでこれを伝えたい」というゴールに向かって、

それぞれのフィルターを通して最終的に伝わったらいいな、ということですね。
立岩　学生にもそこは割とうるさく言ってるんじゃないですかね。
てつじ　今日、お話しできて良かったです。この「過程」が大事なんやな、ということをそれぞれ感じてくれたらいいなという感じです。
立岩　そうですね。僕は大きな気づきがありましたね。
てつじ　いやいや僕もです、本当に。

今後の夢と目標

立岩　NHKを辞めた後、何をしたかというと、とにかく本を書いたんです。狂ったように書いていたんですよ。でも、それをやめたんです。意味がないってことだってやっとわかったから。それよりは、もっとその一冊を意味のあるものにしたい。だから大学院に受かったとして、数年単位で今調べてることを一冊の本にする作業をするわけですが、残り時間が少ないわけです。普通に考えたって、頑張ってあと20年モノ書けるかどうかですけど、その20年の中で、年に一冊書いて20冊出すのか…そうじゃないだろうと。その何冊かわからない、2冊か3冊かわからないけど。まさにてつじさんの言葉を借りるなら、プロセスを大事にした作品が書けるのかどうかってところを、自分の勝敗ラインにしたいなというのが夢ですね。

てつじ　僕は、寝て起きたら「こういうことやりたい」という人が僕に連絡くれるような未来が欲しいです。僕のやりたいことって、僕の頭の中の一つの想像やから、範囲が知れてるんですよ。正直、米から日本酒を造るのも僕の想像の範囲のことやから。そこで出会う人は予期せぬ人との出会いとしていいんですけど。そういうことを発信していった先に「この人に何か伝えたら夢叶うんや」という人になりたいんです。例えば、ロケットを作って宇宙に行きたい人が現れたとき「そういえば、てつじの仲間にこういう人がおるから、てつじに話したら俺の夢叶うんちゃうか」ってなる。誰かが夢を叶えるために、てつじを通して夢を叶える。将来そうなりたいんですよ。ほんなら、寝て起きたらとんでもない未来が待っていると思うんです。

立岩　すごい未来ですね。

てつじ　言うのは簡単ですけど「そうなったらいいな」と思いながら。すべて「そうなったらいいな」と思いながら活動しているって感じですかね。

立岩　そこはやっぱりある種、芸人としての矜持じゃないですかね。

てつじ　芸人やからこそ、いろんな人と出会えるし、敷居低く知ってもらえるというの

があるんで。僕、街歩いてたら「久しぶり」ってよう言われるんです。
立岩　ははは。距離。
てつじ　距離。それも僕が持っているスキルなんで。
立岩　それ大事ですよね。過程が大事だということは、これから考えます。
てつじ　はい。僕も貴重な体験となりました。今日はどうもありがとうございました。
立岩　ありがとうございました。

（文・寿山泰二）

てつじ　今日は「畳」をテーマにお話伺いたいと思います！

魚田　よろしくお願いします。先代が大正９年にこのお店を創業して、祖父、父親、僕と、４代に渡りやってきました。物心ついて３６５日、毎日畳を見ています。実際に職人として関わり始めたのは、高校を卒業してからでした。

てつじ　お父様の姿を見て「畳屋をやりたい」と思われたのですか？

魚田　長男ですし、小学生ごろから「いつかは跡を継がないと」というのはありました。でも、大学に行ってやりたいことがあったんです。

てつじ　なにをやりたかったんですか？

魚田　「営業」の勉強がしたかったんです。

てつじ　それは、畳屋をやる

魚田畳店　魚田 一成

SPECIAL × CONVERSATION

シャンプーハット　てつじ

ための営業ですか？

魚田　そうです。「いずれ活かされるだろう」って考えてました。高校3年の11月に大学推薦入試の予定でしたが、2ヶ月前の9月になって急に父親が「畳屋をやれ」と言ってきたんです。「もうすぐ推薦入試があるから」と言いましたが「関係あらへん」って一蹴されて。

てつじ　お父様なりに「今のうちに畳の技術を」という思いがあったのですか？

魚田　それもあったとも思います。その年の5月に、僕の祖父が亡くなったんですよ。畳屋はいわゆる家内工業です。

※家内工業……自宅の一部を作業場として利用し、家内労働を中心に営む小規模の工業経営を指す

だから、祖父母や父だけでなく、母も畳の仕事をしています。祖父が亡くなったとき、父は自分の体もしんどかったと思うんです。祖母も引退して、母親と2人で仕事をこなすのが大変だったんじゃないかな。だから「大学行かずに畳屋になれ」って言われたとき、悩みましたね。いずれは継がないといけないけど「卒業してすぐに畳屋か……」みたいな気持ちはありました。

てつじ　「腹をくくる前に決まった」という感じだったんですね。それでも魚田さんが「畳屋を継いだ」のは、「畳の魅力を伝えていかなきゃ」という想いがあったのでしょうね。

魚田　そうですね。伝えることもそうですし、「4年間で一人前になってやろう」という気持ちでした。家業を継ぐことで同級生から「逃げたな」って言われたこともありましたから、同級生が社会に出るま

でに「僕は一人前になっといたる」って言い聞かせた部分もあった気がします。あとは、母が30キロを超えるような重い畳を運んでるのを見て、「母を助けてあげたい」という思いも昔からありました。

てつじ　改めて聞けてよかったです。畳って良くも悪くも身近で、職人さんによって差があるものやと知らない方も多いでしょう。ぜひ畳職人の技術や魅力を聞きたいです。

畳職人の仕事とは

魚田　畳のお仕事は、3つあります。まずは「新調」ですね。新調とは、畳を土台からそっくり替えることです。次は「表替え」です。畳の表面のことを「表」「畳表（たたみおもて）」と言います。土台はそのままで畳表だけを替えるという作業。最後の一つは、今敷いてある畳を裏に替える作業。ひっくり返す作業ですね。

てつじ　畳表には「表も裏もない」ってことですね。

魚田　はい、「裏返し」たら、また使えるんです。最近は裏返しがなくなって、「新調」と「表替え」の二種類ですね。畳って、使ってるうちに土台が劣化してきます。劣化することによって山と谷のような凹凸ができ、土台を補修せずにそのまま畳表を張ると山の部分だけが擦れるので、土台をフラットになるように補修をします。あとはすき間ですね。年数が経つと畳が縮んですき間ができます。そのすき間を埋める作業です。

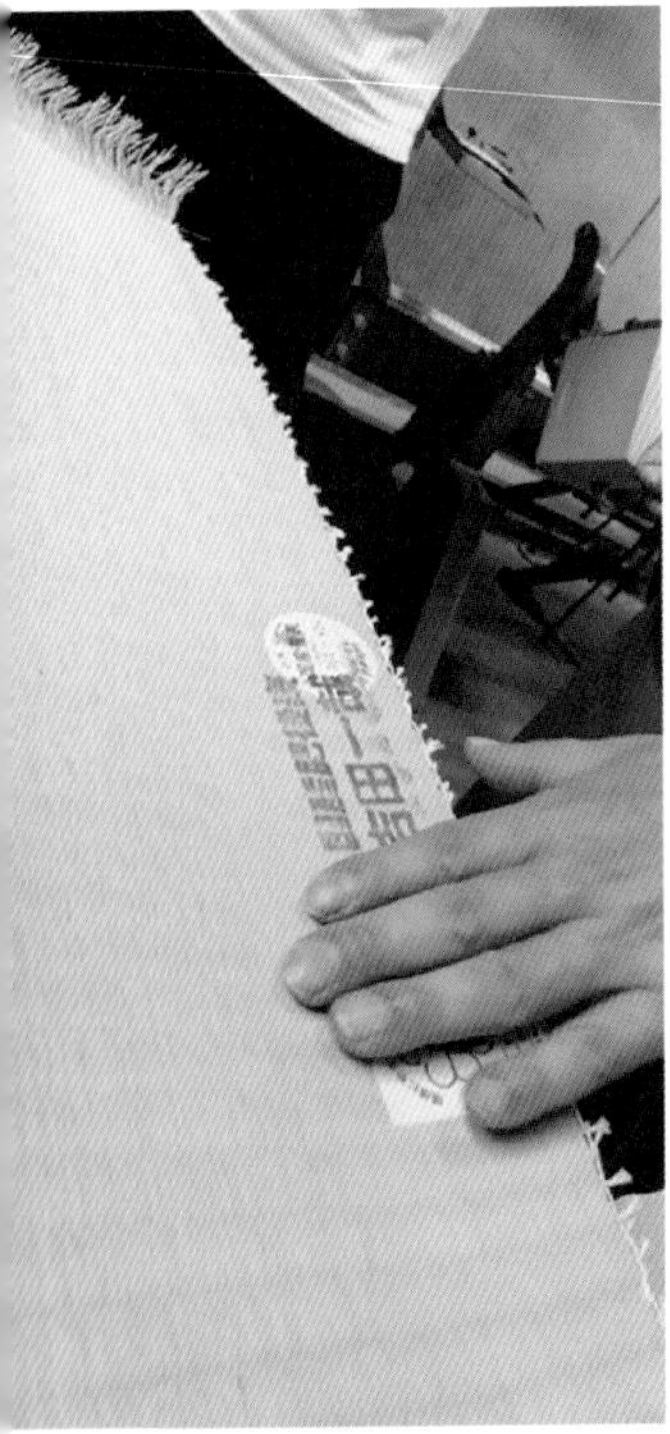

てつじ　「畳」って単位があるから、規定のサイズがあると思いますよね。何センチって決まっているんじゃないかと。でも実は違うんですよね。

魚田　一枚一枚、全て違うんです。例えば、六畳のお部屋に敷いてある一枚の畳を、そ

のままひっくり返しても入らない。すき間ができてしまうんです。それぐらいシビアなもの。ジグソーパズルみたいなものですね。採寸も、メジャーで丈と幅だけ測ればいいわけではないんです。部屋の真ん中にレーダーを置いて、お部屋の幅と丈を順番に約90センチ間隔で計測し、歪みを後で計算して出す。荷物もどけて、全て測っていくんです。それがすごく大変なんです。

てつじ　そうやって測っているんですね。

魚田　家は、大工さんの手作りですよね。フローリングは、材料を幅に合わせて造ることができる。畳屋は逆で、部屋の空間に合わせて採寸し、それを基にござを張った畳を作ってはめます。だから同じ六畳やけど、この一畳と別の一畳は全く違います。お客様から『こんなに大変なんか』とよく言われますけど、こうした仕事ぶりを見てもらう機会があるからこそ、納品したときに僕らが思ってる以上の反応をいただけるんです。「新しくなって気持ちが落ち着く」「イグサの香りがする」「やっぱり畳がいい」と言っていただける。お客様にかけていただく言葉が魅力ですし、その言葉に僕らはたくさん助けられてきました。

てつじ　いいですね。エンドユーザーの声が聞こえるんですね。そういう意味では、僕のやる漫才と変わらないですね。エンドユーザーの笑い声が聞こえますから。

魚田　作っている部分は見えないけど、そこに至る経緯はお客さんも見てはるんです。作ってすぐ販売では、経緯がわからないですからね。

てつじ　それが畳屋さんの仕事であり、魅力ですね。作って終わりのものだと、その先がわからない。僕のイメージですけど、畳屋さんに注文したら畳が6枚送られてきて、こっちが自分で敷き詰めると思ってる人、多いと思うんです。

魚田　ホームセンターに行っても畳が売ってないのは、一軒一軒の部屋ごとに畳の大きさが違うからなんです。

てつじ　これだけ職人の腕の差が出るものってないですね。

魚田　そうですね。だから僕ら職人が行かないといけないんです。「畳の大きさが違う」とわかっているお客様は「やっぱり入れへんな」っておっしゃられますし、ご存じでない方は、それを新鮮に感じる方もいます。日々、畳をお伝えしながらお仕事をさせていただいています。

てつじ　世の中には、値段の意味が分からないものってめっちゃ多いと思うんです。だから、高いか安いかでしか判断できない。今の話だと、畳の値段は「安い」ですよね。職人さんが現場に行き、作業して納める。そこまで含めてこの値段だと伝われば「安い」となりますよね。

魚田　そうなんです。それに畳は、長く持ちます。一年で替えないんですよ。仕事をしていると30年ぶりとか、仕事を始めたころの畳があがってくることがあるんです。

てつじ　お父様が作った畳ってこともあるんですか。

魚田　お爺さんが作った畳だということもありますよ。

てつじ　それは、畳に職人さんの字を書いてるんですか。

魚田　場所を書いてるんです。畳の形が違うので「この畳はこの場所」っていう風に。そこの文字を見たときに「おじいさんのや」「これはいつ頃のや」ってなるんですよ。今は少ないけれど、昔は畳の下に湿気を吸収するために新聞を敷いていて、その日付を見てました。たまに「50年前の新聞が出てきて「50年前はこんな事起きてたんだ」と。

てつじ　魚田さんは畳の声を聞けるんですね。

魚田　聞こえますね。

畳の文化について

てつじ　「板の間」と「畳の部屋」の違いについてもお聞かせください。

魚田　畳の文化の話ですね。今ちょうどてつじさんとお話をしているこの畳。この敷き方が一番最初の敷き方だったんです。平安時代ぐらいでしょうか。畳のスタートはいわゆる「むしろ」と言われものので、奈良時代からあるんです。

てつじ　それはイグサで作られてたんですか？

魚田　イグサではなく、わらなどで編んだ簡素な敷物です。最初に畳が作られたのは平安時代で、当時造られた建物は寝殿造（しんでんづくり）と言われています。個々の部屋はなく、オープンになっていました。そのころの畳は「置き畳」として使われていたんです。昔の畳は高価なので、誰もが畳の部屋に入れるわけではなかった。「権力の象徴」だったんです。時が過ぎて、安土桃山時代。千利休がきっかけで、茶室の文化と合わせて畳が広まりました。茶の文化の礼儀や作法。その他にも華道、書道、スポーツで言うと柔道など、畳と深い関わりがあります。

てつじ　それだけ特別な場所が「畳」ってことですね。

魚田　畳は日本文化を語る上で、なくてはならないものだと思います。ですが今は、リフォームするときに「畳からフローリングにしたい」という方が多いです。

てつじ　多いですね。「畳をわざわざ張り替えて出迎える」ことにどんな価値があるかをもっと伝えなあかんと思うん

ですよ。

魚田　「おもてなしの意味とは何か」ですよね。僕は畳屋やから、やっぱり大切な人には新しい、いいもので迎える。それが「おもてなし」ってことやと思うんですよね。

てつじ　その気持ちがやっぱり嬉しいですよね。

魚田　建築士さんにも全部説明するんです。パンフレットもあるし、SDGsのことも全部お話しさせてもらう。でも多くの人は、ネットの情報をそのまま流用するんですよ。でも、畳のルールなどはネットに載ってないこともたくさんあるんです。ネットの情報をそのまま鵜呑みにして、中国産のような安い畳表を使う。それが「おしゃれ」だって感覚なんです。間違った情報が当たり前のように定着してしまっているんですよ。

てつじ　そうなんですね。最新のいいホテルに行って、部屋の真ん中に正方形の畳があるのを見たとき、がっかりしますよね。

魚田　半畳（一畳の半分）を真ん中に敷いてはいけない。縁起が悪い敷き方なのですが、知らない方が多いんです。畳は日本人の礼節・礼儀を大事にする精神を伝えていたと思うんです。畳の敷き方にもルールがありますから。

てつじ　畳を知らないお子さんも、畳に来たら変わりますものね。

魚田　こうして正座することも、畳から来てますからね。独特の雰囲気があるのでしょう。きっと畳が発しているものでしょうね。

畳表《たたみおもて》（畳の表側）ができるまで

てつじ　畳が出来上がるまでの過程を知らない人も、きっと多いと思うんです。

魚田　畳屋さんって、畳表の「ござ」から畳を作るまで全てやっていると思う方が多いんです。実は、畳表を作っているのは農家さんなんですよね。

てつじ　畳職人さんは「ござ」を作れないんですよね。

魚田　そうなんです。「ござはどこで作ってるの？」って言われますが、僕は作っていないんです。畳職人は、農家さんが作った「ござ」を購入して、大きさを合わせたり縁をつけて加工するのがお仕事なんです。

てつじ　農家さんがイグサを育てて終わりじゃないことも

知らないですよね。
魚田　イグサを育てるところから畳表を織るところまでやっています。
てつじ　そうなると、農家によって質も変わるし、畳表の織り方も違いますよね。
魚田　はい。農家さんによって、イグサの質も全て違うんです。たくさん田んぼがありますが、田んぼによって出来栄えが変わる。なぜなら、太陽が当たる角度が大きく影響するから。そういう繊細なところがあるんです。
てつじ　日本酒の世界も同じですね。山田錦で「酒米」って言ってますけど、有名な特営地区で育てられた田んぼの米はやっぱり一味違うんです。細かく言うと、お酒の名前に番地が書いてるものがあるんです。「このお酒はこの番地で育った米しか使ってません」という表示なんですよね。僕は、そこを区別する職人さん、日本人が好きなんですよ。
魚田　僕もそうです。違いを見極めるのが快感なんです。見極めることができたときが本物だと思うんです。
てつじ　「特別にいいものは『特別』がわかる人にあげたい」っていうのは、職人さんの気持ちが表れているんです。
魚田　畳表のことで「畳屋さんが全ての違いを見極められるのか」「農家さんがやってることを全てわかっているのか」という点は、正直申し上げるとほとんどわかってないと思います。ただ、やはり知るべきことは知っておかないといけない。例えば、畳には国産

のイグサのみ使用したものや、中国産を扱ったものがあるということ。本物の「現状」がわかった上で、選択するのが大事だと僕は思うんです。

てつじ　買う側も知識が大事ですね。日本酒も一緒です。人生は一回しかない。だったら「本物に触れて人生を全うしたい」というのがあります。

魚田　わかります。僕も同じで、提供する側として「本物」をお渡ししたい。畳表は価格以上の品物を提供する。一人でも多くの方に国産の畳を伝える。それをなくすと、僕のやってる意味はないと思ってるんです。だからこそ発信していきたい。「本物」とはどういうものかを、きちんと説明し伝えていきたい。次世代につなげるためにも、発信していくことが大事だと思っています。

魚田さんが考える「本物の畳」とは何か

てつじ　いつの間にか「見た目だけ本物と一緒やったらいい」みたいな時代がきましたね。日本酒作らせてもらう中で、僕も感じています。

魚田　見た目が一緒もそうだし、「カラーバリエーションがある」という観点で選ばれている。日本酒で言うと「中の味よりラベルで決めている」んです。

てつじ　本来の意味がわかっていないと思うんですよ。例えば、日本酒を作ったあとに稲藁が残る。その稲藁で、しめ縄を作ってるんです。日本酒を作るために稲を育てたからこそ、その文化やつないできた人の意味が理解できるようになる。見た目はしめ縄やけど素材がビニールになったら、本来の「五穀豊穣」を成してないんですよ。買う側が「本物」を理解できたら、畳の値段の見方が変わりますね。

魚田　そうですね。まだどこか「価値に見合わない＝高い」というイメージがあるように感じています。

てつじ　僕もいろんなことに携わらせていただいてますが、職人さんの値段問題の最後は、みんなそこにぶちあたるんですよ。全て知った上で、それでも自分の稼ぎと合わないんだとしたらそれはしょうがないのですが、その前に判断されてしまうことが多い。

魚田　お客様からも「高いですね」「何が高いのですか」って言われるんです。

てつじ　偽物の値段に、本物が合わせないとあかんくなってるってことですよね。

魚田　価値が伝わらない悲しさもあります。一概にお値段だけでは判断できないものが、畳にもある。昔は「質」を見て価格を判断していました。「価格」だけで全てを判断するのは、僕は一番危険ではないかと思うんです。

てつじ　わかる人にはわかるんですよね。例えば、豪華なオブジェを置いてるようなお家にお邪魔して、和室の畳だけ国産ではなかったら悲しくなるでしょう。

畳の未来

魚田　現時点で、全国の畳屋さんは大体６０００件です。大阪市生野区だけでも、７０年前までは１２０件の畳屋がありました。それが今は３件〜４件。畳の需要に関してみんなが考えていれば、ここまで落ちてなかったやろうなって思うんです。昔はほとんどの家に畳があったから、畳屋さんは本当に忙しかった。僕らが仕事を始めた30年前でも、ここにお客さんが並んでたときがあったんですよ。

てつじ　家の床が畳しかなかったら、寝て起きたら発注きますもんね。「はよ作ってくれ」と。

魚田　それが今や、数件しかなくなっている。僕もこの仕事に携わって30年ですが、働き始めて7~8年経った辺りから「一人でも多くの方に国産畳表を伝えたい」「一人でも多くの方に国産畳表を届けたい」という想いが強くなりました。実現するにはどうすればいいのか、ずっと考えてきたんです。熊本県八代市は、イグサで全国の99%のシェアを誇っている。そこに行くしかない、と思ったんです。それが18年前ですね。

てつじ　18年前ですか。

魚田　昔は、畳屋さんが農家さんにいくのは「許されないこと」だったんです。僕は問屋さんにお願いして聞き入れていただきましたが、内心はよく思われてなかったと思います。農家さんのお仕事を拝見したとき、自分が本当に何も知らなくて愕然としました。これはダメだと思って、勉強しました。いろんな批判がありましたよ。農家さんから「何しにきたんや」って目で見られたこともあります。自分の想いを届けるためには、この殻を打ち破らないとと思って、何度も何度も熊本に行き、商品をお届けすることができるようになりました。でも、新たな問題が出てきました。それが「農家さんの減少」です。

てつじ　「作る人」のことですね。

魚田　はい。平成元年、熊本県に5400戸あった農家さんが、令和4年では319戸。もう10分の1なんです。令和5年は300戸を切ることが、今の時点で確定してるんです。

てつじ　「やめる」方が確定していらっしゃるんですか。

魚田　そうなんです。このままだと国産の畳がなくなってしまう。その現状がリアルに迫っているんです。現在、国産の畳表は全体の2割程度なんですよ。

てつじ　畳「風」のものがあふれているんですね。買う側がちゃんと本物を知らないといけませんね。

魚田　そうなんです。僕は18年間熊本に通った経験を糧として、さらに品物にこだわり、一人でも多くの方に届ける発信をしたいと考えています。

大阪のこんな小さなお店ですけれど、僕自身が畳の魅力を発信することがこれからの僕に与えられた責務、使命であるかなと。あとは、若手の人、建築の初歩を学ぶ人にレクチャーする機会を増やそうと思ってます。建築関係の方に会って伝えることも可能ですから。ネットに載っていない情報を教えることが、プロにとって価値がある。それもやっていこうと考えていますね。

てつじ　建築士さんって、ワインで言ったらソムリエみたいなもの。家を建てようと思ったときに、建築士さんが「畳がいいですよ」って言うかどうかで大きく変わるんです。家を買おうとしてるお客さんに「畳は絶対あった方がいいです」って力強く言える建築士さんがいいですね。

魚田　「ここに畳を作りましょう」と言えるかどうか。それを伝えるのは僕の役目と思っています。

てつじ　本物を知れたら世界が変わりますからね。

吉田さんの畳

魚田　熊本に吉田さんという農家の方がいます。熊本で3本の指に入る、本当に素晴らしい農家さんです。吉田さんの畳表は、15年程前に金閣寺に奉納されているんです。

てつじ　僕も熊本にいかせていただいたときに、吉田さんにお会いしました。綾部にあるてつじ亭のテーマは「みんなで共有する」なので、「完成してどうぞ」じゃなくて「完成までを見てもらう」ことをやりました。「共有することを大事にしている」と吉田さんに伝えたら、えらい共感してくださって。

魚田　そうなんですよね。実は吉田さんから「魚田君、特別に織るよ」と。

てつじ　「綾部の家のために、畳表を特別に織るよ」と言っ

てくださったんですよね。

魚田　ええ。今年、織っていただく話になってたんですよ。ところが、3月に急な病気で倒れられてお亡くなりになったんです。本当にショックで。熊本行ってからいろんなことがあった中、吉田さんだけは温かく迎えてくださっていただいたんです。いろんなこと教えていただいて、本当に尊敬しています。感謝しきれないことばかりなんです。3月にお亡くなりになる前も、綾部に入れる畳を持って「どういう感じがいいのかな」って話してたんです。「魚田くん、あの畳を納品したら綾部に行きたいな。自分の畳を見たいな」っておっしゃっていたんです。

てつじ　綾部の家はいろんな人が来るから、吉田さんや魚田さんの職人の腕を、みんなで体験できる。ぜひ見てほしいし、みんなに踏んでほしいって思ってるんです。

魚田　みんなに見ていただきたかったけど、その夢が叶わなくなったんですよ。でも僕は、なんとしてでもこの約束は果たしたい。ですから、去年最後に織られた、最高級の品物を購入させていただきました。特別に織っていただくことはもうできないけど、最高に織った最高級の吉田さんの畳表を、綾部のてつじ亭に最高の形で加工して納品させていただこうと思っております。

てつじ　綾部という空き家を購入して、まさかこういうつながりでみんなが本物に触れることができるとは、僕も思ってなかったです。

魚田　吉田さんへ最後の恩返しの気持ちもありますし、吉田さんの畳表をぜひ皆さんに見ていただいて、使っていただきたいんです。

てつじ　僕もその綾部の家か

ら「本物」を発信したいと思っております。
魚田　一枚の畳に込められた想いは、これだけ深いっていうことですね。
てつじ　あとは畳が語ってくれますね。
魚田　畳が語ってくれる。僕もそう思ってます。
てつじ　僕もこうして魚田さんのように熱い人とも出会えましたし。
魚田　僕も、このお話を披露する機会をいただいて。てつじさんと素敵なご縁に恵まれたことに、ものすごく感謝しております。
てつじ　それを「本」という形で伝えることができて嬉しいです。
魚田　ありがとうございます。
てつじ　いやいや、ありがとうございます。

（文・上田悠太）

日本初!!
つけ麺生パスタ

第3章

唎酒師てつじ特別講座

Special Programs

「日本酒を“感じる”その極意」

満天の星を見た時、星の数をかぞえますか？

いえ、一番輝いている星を見つけるはずです。

貴方にとって一番輝いているそんな星を見つけてください。


日本酒を味や値段で選ぶのではなく、造り手の「想い」やその造る「方法」で選ぶこと。

それを私は日本酒を「感じる」と銘打った。

感じるには、以下の２つのことを理解すれば皆さんもできるので、この本に記しておく。

①日本酒の魅力を理解する。
②米がどうなったら日本酒になるかを理解する。

この２つを理解すれば、
「愛する人を選ぶように日本酒を選べ、
感じるようになれること」をここに保証する。
また、その先にある「日本酒から愛されること」も保証する。
これより、理解すべき２つと、
最後に「日本酒を選ぶ」その極意をご紹介する。

①日本酒の魅力を理解する。

ズバリ、日本酒は「人がつくることが出来ない」これに尽きる。

日本酒は、菌が「発酵」という行動で創り出しており、人はその微生物をサポートしているだけ。

人類が高いビルを建てようが、宇宙に行こうが　日本酒だけは絶対に造ることは出来ない。

それはまるで、好きな人に何をしても振り向いてもらえない「恋」と一緒。

それでもその人を愛することはできるので　好きな人の幸せをただただ願う。

まさに「愛」。

日本酒造りは人類の一方通行の「恋愛」。

「恋愛」した時の感情を思い出す、それが日本酒の魅力。

これらを理解し、魅力を感じ、日本酒と恋をしましょう。

②米がどうなったら日本酒になるかを理解する。

こちらをしっかり理解し、人に伝えれるようになっていただきたい。
これは愛した女性を理解し、人に伝えるのと一緒です。
米がどうなったら日本酒になるか・・・
ズバリ！菌による「発酵」です。

【理解1】

菌が発酵するには「糖」が必要。


【理解2】

米はデンプンであり「糖」ではないので、米に「麹カビ」をつける。

するとカビがデンプンを分解して、「糖」ができる。

これが「糖化」。


【理解3】

糖化して「糖」となった米を菌が食べる。

菌が炭酸ガスとアルコールを出す。

これが「発酵」。


【理解4】

あとはタンクに水を入れ、その糖化した米（麹）と菌（酒母）と蒸米を入れれば、麹の酵素の働きで蒸米が糖化していく。

それと並行して、菌が糖を食べて発酵する。

この発酵によってできたアルコールが水に溶けて「日本酒」となる。

ただそれだけ。


さぁ、この2つを理解し、感じたら…

誘いましょう、日本酒を選ぶ極意へ。

日本酒を選ぶ極意

私は一つの答えを出しました。

日本酒を「映画」に例えれば、全て選べます。

映画を選ぶときのポイントを、日本酒用語に例えたら――

1、監督が誰か↓酒米はなにか
2、どの俳優がでてるか↓どの酵母を使っているか
3、脚本は↓杜氏は
4、上映時間は↓精米歩合は
5、映画タイトル↓ラベルの名前
6、配給会社は何処か↓蔵は何処か
7、撮影したロケ地は↓どこで育てた酒米か
8、〇〇組など監督映画会社が劇団をつくり俳優やスタッフを育てる↓蔵付き酵母
9、映画のセットや衣装など0からつくる↓生酛づくり
など。


まずはこの中の「監督」「俳優」「上映時間」ぐらい覚えれば、日本酒は選べます。

すると今までいかに頓珍漢なことを言っていたかわかります。

あなたが店に行って、「何か日本酒ちょうだい」と頼んでいたなら、

「何か映画観せて、なんでもいい」と映画館チケット売り場のスタッフに言ってるようなもの。

もしもあなたが、「やっぱり日本酒は辛口の大吟醸に限る」と言っていたのなら……

辛口か甘口に分けるのは、洋画か邦画か。

そして大吟醸とは、ただ精米歩合50以下を指すので、上映時間は2時間ぐらい。

つまり、映画に置き換えると、「やっぱり映画は洋画の2時間に限る」とイキって言っているのと同じです。

しかしこれらは、無知が産んだ恥なので、知識を得たら恥をかくことはもうないと保証します。

とにかく、
①日本酒の魅力を理解する。
②米がどうなったら日本酒になるかを理解する。
この2つを体にタトゥーを入れる気持ちで、心のタトゥーに彫ってください。

《実践・選び方》
◎酒米の種類で選ぶ
映画を選ぶ時、監督で選びませんか?

山田洋次やスピルバーグにジョージルーカス、宮崎駿。

それと一緒。

酒米の種類を覚えて選ぶ。

山田錦、五百万石、雄町、亀の尾など、好きな映画監督の作品を観るのと同じで、好きな酒米のお酒だけを飲む。

これはジブリが好きでとにかくジブリを観るのと一緒です。

これからは「『亀の尾』を使ったお酒ありますか?」とか「変わった酒米で作ったお酒ありますか?」

など質問をしてみましょう。

★酒知識
酒米「雄町」のお酒だけをのむ人を「オマチスト」という。

◎酵母で選ぶ
好きな俳優がでてる映画を選ぶこともありますよね？
ブラッドピット、トムクルーズ、渥美清、織田裕二。
これは**好きな酵母で選ぶ**ということ。
6号酵母や9号酵母、ワイン酵母や蔵付き酵母。
お店で質問するなら「9号酵母でつくってる日本酒ありますか？」
となる。

◎杜氏で選ぶ
脚本が面白い＝**杜氏が面白い日本酒**があります。
眼鏡をかけている杜氏だけで作った、十月一日（10/01）の眼鏡の日に発売されるメガネ専用日本酒「萩野酒造」や、海外からビジネス留学して日本酒にはまり、そのまま杜氏になったイギリス人のハーパーさんがスコッチではなく日本酒をつくる「玉川酒造のロックで呑むアイスブレーカー」など。

◎精米歩合で選ぶ
精米歩合は、映画だと上映時間5時間もあれば30分の短編もあるように、精米歩合90のほとんど削らない酒から、精米歩合1％の99％削った超短編映画もある。

だから、「何にも削っていない日本酒ありますか？」「この店で1番削っている日本酒ください」

などの頼み方もある。

また、「3種類ぐらい飲みたいので、徐々に削っていく順番で日本酒ください」など。

最後に

映画を選ぶように、日本酒を選んでください。

すると、「この人ならこの日本酒を理解してくれる」と、特別な日本酒をだしてくれたり勧められたりすることもあるでしょう。

これこそが、日本酒に愛された証。

日本酒に愛されたら、その日本酒をわたしにも教えて下さい。


みなさんが日本酒を愛し愛されるように願って――。

今の貴方ならこちらを理解できますよね？

満天の星を見た時、星の数をかぞえますか？
いえ、一番輝いている星をみつけるはずです。
貴方にとって一番輝いているそんな星を見つけてください。

唎酒師てつじ

北堀江
ほおずき

名物 わら焼き

住　　所：大阪市西区北堀江
　　　　　1-14-24 ラポール四ツ橋 B1F
電　　話：06-6536-0577
営業時間：平日17:30 ～23:00(L.O22:30)
　　　　　土日祝17:00 ～23:00(L.O22:30)
定 休 日：月曜日・不定期で月２回火曜日
平均予算：5,000 円～ 6,000 円

最寄り駅：
- 四ツ橋駅徒歩２分
- 西大橋駅徒歩３分
- 心斎橋駅徒歩７分

◀食べログ

◀公式インスタグラム

豊洲直送のマグロや熊本直送の馬刺し、季節に合わせて吟味された旬野菜の数々。
和食の世界で長年経験を積んだ料理人の繊細な逸品を、信楽焼の器に盛りつけてご提供いたします。全席掘りごたつのゆったりとした空間『北堀江ほおずき』で、贅沢な時間をぜひお楽しみください。

おわりに

プロセスを楽しめば、成功も失敗もない。
振り返れば、仲間だけがいてる世界になる事に気がつきました。

この本は、全ての過程や途中を楽しもうと説いてるので、所々ミスがあります。
そう、
この本はまだ途中で、未完成なんです。
そこを訂正したら完成してしまうので、そのまま未完成でいさせてください。
ミスを見つけたらご一報ください。

シャンプーハット　アントニオ バンデラス

プロセスマニア PROCESS MANIA

発行日 2023 年 4 月 12 日　初版第一刷発行

著者 シャンプーハット てつじ

メインライティング　鳥飼アミカ
デザイン　谷口圭
マネージメント　河上衣織

発行 合同会社 Pocket island
住所 〒914-0058 福井県敦賀市三島町 1 丁目 7 番地 30 号
メール info@pocketisland.jp

発売 星雲社 (共同出版社・流通責任出版社)
住所 〒112-0005 東京都文京区水道 1-3-30
電話 03-3868-3275

印刷・製本 株式会社 シナノ

落丁本、乱丁本は送料負担でお取り替えいたします。

ISBN 978-4-434-31976-1 C0095